语 文 知 识 小 丛 书

语法修辞逻辑精讲

喻旭初 主编

王守明 编写

凤凰出版社

图书在版编目（CIP）数据

语法修辞逻辑精讲 / 王守明编写. -- 南京 : 凤凰
出版社, 2023.10
（语文知识小丛书 / 喻旭初主编）
ISBN 978-7-5506-3989-8

Ⅰ. ①语… Ⅱ. ①王… Ⅲ. ①中学语文课－教学参考
资料 Ⅳ. ①G634.303

中国国家版本馆CIP数据核字(2023)第174187号

书　　　　名	语法修辞逻辑精讲
编　　　　写	王守明
责 任 编 辑	尤丹丹
装 帧 设 计	陈贵子
责 任 监 制	程明娇
出 版 发 行	凤凰出版社（原江苏古籍出版社） 发行部电话025-83223462
出 版 社 地 址	江苏省南京市中央路165号,邮编:210009
照　　　　排	南京凯建文化发展有限公司
印　　　　刷	苏州市越洋印刷有限公司 江苏省苏州市吴中区南官渡路20号,邮编:215104
开　　　　本	787毫米×1092毫米　1/32
印　　　　张	7.375
字　　　　数	109千字
版　　　　次	2023年10月第1版
印　　　　次	2023年10月第1次印刷
标 准 书 号	ISBN 978-7-5506-3989-8
定　　　　价	28.00元

（本书凡印装错误可向承印厂调换,电话:0512-68180638）

前　　言

二十多年前,我和几位同事合编了《古代文化知识精讲》《文学常识精讲》《古代名句选讲》三本小册子,由于讲的都是常识,坚持面向大众,因而受到了普遍欢迎,一度成了畅销书。今年,我又和同事合作,推出三本新的小册子。这是三本什么书,又为什么要编呢?

先看学校里。不少中学生"一怕文言文,二怕写作文"。这种状况应该改变,这需要从学好有关常识做起。

再说社会上。眼下的信息时代,人们日益追求快速、高效,不愿看稍长一点的文章,不肯稍作一点冷静的思考,以致经常出现用词不当、表意不明、言不及义、花里胡哨的表达。其中一个重要原因是忘记了常识。难怪几年前就有人说,当代人不缺知识,缺的是常识。

为了帮助中学生和社会上的普通读者初步具备读懂浅近文言文的能力和基本的写作能力,我们编写了《文言文常识精讲》《写作常识精讲》。而要有基本的写作能力,首先必须解决好正确表达的问题。语法能使表达通顺，修辞能使表达生动，逻辑能使表达严密，为此我们编了《语法修辞逻辑精讲》，以有助于表达的规范。

因为这是一套面向大众的普及性读物，所以我们在编写时坚持两条：一是通俗性，不玩概念，让读者一看就懂；二是资料性，少说大道理，多附对读者有用的资料，如容易用错的成语 100 例，常见的语、修、逻错误，常见的文言虚词 20 例，应试作文临考应注意的问题，增强语言吸引力的方法，等等。

说到常识，我想起了从报上看到的一则短文。有人问一位事业成功者有什么经验，答曰："没什么经验，我只是喜欢按常识去认真做事而已。"这句普通得不能再普通的话告诉我们：如果肯在学常识、按常识做事上下功夫，把平常的事做到极致，把低级错误降到最少，那效率、成功就一定会随之而来。当然，随着科技的进步和时代的发展，常识也得不断丰富、完善，但它对实践的指导功能永远不会过时。

关于常识，我想再说几句。从某种意义上说，强调常识，就是尊重规律，就是符合情理，就是坚守底线。实践证明：抛弃常识，目标往往落空；尊重常识，事情常常成功。对每个普通人来说，想多多少少办成一点事，就会深切地感到：常识始终有用,常识伴人一生。

编写这三本小册子,再次体现了我们对"普及常识,面向大众"这一原则的坚守。

我们不敢奢望这三本小册子对中学生和普通读者学好文言、写好文章能有多大作用,只要能对"学到常识,减少失误"有所助益,我们就很欣慰了。

参加本套丛书编写的都是金陵中学语文教研组的优秀中青年教师。为了编好本套丛书,他们在繁忙的日常教学之余,广泛搜集资料,细心加以筛选,认真进行编写,付出了辛勤的劳动。尽管如此,不足仍恐难免,真诚欢迎语文专家和广大读者批评指正。

喻旭初

2023 年 8 月

目　　录

语　　法

语法单位

语法单位主要有四级:语素、词、短语、句子。它们都是语言中的音义结合体。

语素是语言中最小的音义结合体。语素可以组合成合成词,有的可单独成词。语素可以分为单音节(如"水")、双音节(如"蟋蟀")和多音节(如"吐鲁番")三类。

词是最小的能够独立运用的语言单位,是组织短语和句子的备用单位。一部分词加上句调可以单独成句。

短语是由词组成的、没有句调的语言单位,是造句的备用单位。大多数短语可以加上句调成为句子。

句子是具有一个句调、能够表达一个相对完整的意思的语言单位,句子前后有隔离性停顿。

一、词　法

（一）词的构成

·知识简说·

【单纯词】

由一个语素构成的词是单纯词,不存在内部构造问题,但可以根据构词语素的音节特征来划分类型。根据音节的数量,单纯词可以分为单音节、双音节和多音节三类。

单纯词分类列表如下:

分　类		例　词
单音节单纯词	传承词	水、吃、讲
	音译词	钵、硼、氢
	拟声词	嗖、哇、嘶
双音节单纯词	联绵词	双声词:伶俐、参差、弥漫
		叠韵词:从容、窈窕、烂漫
		非双声叠韵词:芙蓉、蝙蝠、垃圾
	叠音词	姥姥、蝈蝈、蛐蛐
	音译词	克隆、咖啡、葡萄
	拟声词	哗啦、吧唧、哧溜

续表

分　类		例　词
多音节单纯词	音译词	马赛克、法西斯、麦克风
	拟声词	淅淅沥沥、稀里哗啦、叽里咕噜

【合成词】

由两个或两个以上语素构成的词。

合成词分类列表如下：

合成词分类		例　词
复合词：不同词根组合而成	联合型	相近关系:道路、教授、泥土
		相关关系:口舌、骨肉、笔墨
		相反关系:始终、反正、开关
		偏义关系:国家、窗户、动静
	偏正型	定中关系:圆球、方桌、卧铺
		状中关系:笔谈、函授、热爱
	述宾型	毕业、注意、伤心
	补充型	削弱、促进、信件
	主谓型	地震、口红、眼花
派生词：由词根和词缀组合而成	前缀型	老师、老板、老婆
	后缀型	男子、孩子、妻子
	中缀型	土里土气、古里古怪、糊里糊涂

合成词分类		例　词
重叠词	AA 型	叔叔、星星、常常
	AABB 型	花花绿绿、断断续续、熙熙攘攘

（二）词的类别

【实词】

能够单独充当句法成分,意义实在具体,即有词汇意义和语法意义的是实词。实词主要包括名词、动词、形容词、区别词、数词、量词、副词、代词,以及特殊实词如拟声词、叹词等。

【虚词】

不能充当句法成分、只有语法意义的就是虚词。虚词可细分为介词、连词、助词、语气词。

【短语】

短语是由语法上能够搭配的词组合起来的没有句调的语言单位,又叫词组。它是大于词而又不成句的语法单位。简单短语可以充当复杂短语的句法成分,短语加上句调可以成为句子。

1. 短语的结构类型

【主谓短语】由有陈述关系的两个成分组成,前面被陈述部分是主语,表示要说的是谁或什么;后面陈述的部分是谓语,说明主语怎么样或是什么。如:

全剧终、心理健康、凤凰涅槃

【动宾短语】由有支配、涉及关系的两个成分组成,前面起支配作用的部分是动语,表示动作行为;后面被动作支配的部分是宾语,表示做什么、是什么。如:

认识自我、蹭热点、清扫死角

【偏正短语】由有修饰关系的两部分组成,修饰部分在前面,叫修饰语,被修饰部分在后面,叫中心语。分为定中短语(由定语和名词性中心语组成)和状中短语(由状语和动词、形容词性中心语组成)两种。如:

(定中短语)世外桃源、青春之歌、清澈的爱

(状中短语)独立思考、十分幽僻、明天出发

【中补短语】由有补充关系的两个成分组成,前面被补充部分是中心语,由谓词充当;后面补充部分是补语,也由谓词充当,起述说的作用,能回

答"怎么样"的问题。如:

喊得山响、熟透了、痛快极了

【联合短语】由语法地位平等的两项或几项组成,彼此间是联合关系,可细分为并列、递进、选择等关系。如:

风花雪月、傲慢与偏见、红玫瑰与白玫瑰

【连谓短语】由多项谓词性词语连用,谓词性词语之间没有语音停顿。如:

到教室看书、拉住我不放、摸着石头过河

【兼语短语】由前一动语的宾语兼作后一谓语的主语,即动宾短语的宾语和主谓短语的主语套叠,合二为一,形成有宾语兼主语双重身份的一个"兼语"。直接包含兼语的短语叫兼语短语。如:

选他当代表、请君入瓮、只剩下柳树随风起舞

【同位短语】多由两项组成,前项和后项的词语不同,所指是同一事物。如:

我们渔民、小说家巴金、父子二人

【方位短语】由方位词直接附在名词性或谓词性词语后面组成,主要表示处所、范围或时间,具有名词性。如:

三天前、月光下、开会以前

【量词短语】由数词或指示代词加上量词组

成。如：

三次、这回、哪件

【介词短语】由介词附着在名词等词语前面组成。如：

关于课堂纪律问题、当黎明到来的时候、为大家

【助词短语】由助词附着在词语上组成，包括"的"字短语、比况短语和"所"字短语等。如：

扑入你视野的、炸雷似的、所见

2. 短语和词的区别

短语是词和词结合起来构成的，可是词和词联在一起并非都是短语。比如，"铁"是一个词，"路"也是一个词，"铁路"却不是短语，而是另一个词。通常用"扩展法"区别短语和词的界限。所谓扩展法，就是把可疑单位拆开，插一个或几个词，造成一个较复杂的短语形式。经扩展后，说来能成话的，那么这个单位应属于由两个词组成的短语。如果经扩展不成话的，就不是短语，而是词。例如："眼红"不能扩展，就是词；"眼睛红"可以扩展，就是短语。

（三）词义的感情色彩

词义的感情色彩是指附着在词的概念义之上，表达人或语境所赋予的主观情感和态度。

感情色彩主要包括以下三种：

【褒义词】在表示意义的时候，带有赞美、喜爱、肯定的感情色彩。如：

热爱、坚强、大方、奉献

【贬义词】在表示意义的时候，带有贬斥、厌恶、否定、轻蔑的感情色彩。如：

无耻、怂恿、虚伪、推诿

【中性词】指不带有褒贬感情色彩的词。如：

河流、结论、士兵、跳

中性词根据语言表达的需要，可以用于褒或贬。例如：

邹荻帆《乡音》：我看见蝗虫遮天蔽日，向农民争夺粮食。

"蝗虫"原本是指一种昆虫，中性词，在这里用"蝗虫"比喻那些不劳而获的地主，带上了明显的贬义色彩。

（四）同义词、反义词

· 知识简说 ·

【同义词】

指意义相同、相近的一组词。例如：

坚持、保持、维持 教、诲、训、诫

1. 同义词的辨析

可以从以下方面进行辨析。

意义方面。例如："轻视"和"蔑视"，"轻视"语义轻，"蔑视"语义重。

感情色彩。例如："成果""结果"和"后果"，分别是褒义词、中性词和贬义词。

用法方面。例如："突然"和"猛然"，"突然"可以作谓语、定语、状语和宾语，"猛然"往往作状语。

2. 同义词的作用

同义词的作用主要有：表达准确；表达生动；表达委婉；表达富有变化；加强表达气势。例如：

孔乙己便涨红了脸，额上的青筋条条绽出，争辩道，"窃书不能算偷……窃书！……读书人的事，能算偷么？"（鲁迅《孔乙己》）

"窃"和"偷"是同义词,孔乙己的狡辩生动地展示了孔乙己深受科举制度毒害的迂腐形象。

真的猛士,敢于直面惨淡的人生,敢于正视淋漓的鲜血。(鲁迅《纪念刘和珍君》)

"直面"和"正视"是同义词,同义对用,使行文富有变化。

【反义词】

意义相反或相对的两个词构成反义词。例如:

我曾远离祖国几年。那些日子,我对祖国真的说不出有多么的怀念。这怀念是痛苦而又是幸福的。(黄药眠《祖国山川颂》)

"痛苦"和"幸福"是反义词。

子在川上曰:"逝者如斯夫,不舍昼夜。"(《论语》)

"昼"与"夜"是反义词。

1. 反义词的作用

(1) 通过意思的鲜明对照,深刻揭示事物特点。

(2) 多组反义词连用,加强语气,使语言深刻有力。例如:

有的人活着/他已经死了；有的人死了/他还活着。(臧克家《有的人》)

使用"活"和"死"、"死"和"活"两组反义词，把人生的伟大与丑恶论述得淋漓尽致、入木三分。

附：

常见近义词辨析 100 例

1. 诞生·诞辰　诞生，意为"出生"，作动词，是中性词，对任何人都可使用；诞辰，意为"生日"，作名词，是褒义词，多用于值得尊敬的人，除"诞辰"外，还有"华诞""寿诞"，都用于值得尊敬的人。

2. 配置·安置　配置，配备布置；安置，使人和事物有着落。

3. 申辩·申诉　申辩，对受人指责的事申述理由，加以解释；申诉，诉讼当事人或其他公民对已发生效力的判决不服时，向有关部门提出重新处理的要求。

4. 脆弱·软弱　脆弱，禁不起挫折；软弱，不坚持。

5. 委屈·委曲　委屈，受到不应该有的指责或待遇，心里难过；委曲，事情的底细和原委。

6. 抚养·扶养　抚养,指爱护并养育,用于长辈对晚辈的教养;扶养,指养活,用于法律关系,可用于平辈。

7. 消失·消逝·消释　消失,表示事物从存在到不存在,强调过程;消逝,含有一个事物随时间的过去而不复存在的意思,强调结果;消释,指疑虑、嫌怨、痛苦等消失解除。

8. 氛围·气氛　氛围,周围的气氛和情调;气氛,周围环境中的一种精神表现或景象,不包括情调。

9. 反应·反映　反应,指事情所引起的意见、态度或行动;反映,指向上汇报或通过文艺作品表现客观事物的实质。

10. 刻画·刻写　刻画,雕刻采画器物;用文字描写或用其他艺术手段表现人物形象。刻写,把蜡纸铺在誊写钢板上用铁笔书写。

11. 退化·蜕化　退化,生物体在进化过程中某一部分器官变小,构造简化,功能减退甚至消失。如鲸、海豚等的四肢成鳍状。泛指事物由优变劣,由好变坏。蜕化,虫类脱皮,比喻腐化堕落。

12. 间隙·间歇　间隙,指空隙,空闲的时间,事物间的空间或时间距离;间歇,指停止、中止,时断时续,两段时间之间的间隔或运动、变化等隔一段时间就停一会儿。

13. 侵害·侵犯　侵害,指侵入而损害;侵犯,是非法干涉别人,损害其权利。

14. 变迁·变革　变迁,指情况或阶段的变化转移,多用于人事、时代;变革,指改变事物本质,多用于社会制度。

15. 体验·体会　体验,指在生活实践中的亲身经历、感受,偏重于感情;体会,透过现象对事物的精神实质的领悟,偏重于理性。

16. 品位·口味　品位,是指文艺作品所达到的水平,作名词;品味,指仔细体会,常作动词,有时也指物品的品质风味。

17. 工夫·功夫　工夫,有三层意思:① 表示占用的时间,如"一会儿工夫就完成""用了两年工夫写成一本书";② 表示空闲时间,如"我现在没工夫""双休日大家都有工夫外出旅游了";③ 表示时候,如"刚解放那工夫,我还是个孩子"。

功夫,主要指人的本领怎样、造诣如何。如"他的表演真有功夫""演员都得练功夫"。

这两个词的区别在于"工夫"表示时间,"功夫"不表示时间,指人的本领。

18. 交代·交待　交代,主要有三层意思:① 移交、接替,如"交代工作";② 嘱咐、吩咐,如"领导一再交代我们要按政策办事";③ 把事情或者意见向有关的人说明,把错误或罪行坦白出来,如"交代问题、交代政策"。交待,主要有两层意思:① 同"交代"③,不过习惯用"交代";② 完结(指结局不如意的,含诙谐意),如"要是飞机出了事,这条命也就交待了"。

19. 做客·作客　做客,指访问别人,自己当客人;作客,是指寄居在别处,是常用的书面语。

20. 成见·意见　成见,着重指先入为主、不愿改变的固定看法,多用于人,适用范围较小,含贬义;意见,泛指一定的看法,包括正确的、错误的、不满的,用于人也用于事物,适用范围较广,是中性词。

21. 袒护·偏向　两词都有"(对某一方)无原则支持或者袒护"的意思,就此含义而言都是贬义词,表示出于私心不公正地向着某一方。根据日常生活中这两个词的使用情况看,这两个词的细微差别在于:袒护,适用于书面语体,语意较重;偏向,适用于口头语体,语意较轻。

22. 增殖·增值　增殖,是增生和繁殖的意思,繁殖是指生物产生新的个体的意思,如"增殖耕牛""提高牲畜增殖力"等;增值,是价值增加的意思,如"小麦变成面粉,价值就增高了,实现了增值"。"增值税"是指增加数值应缴纳的税。这里的"值"是指数值,与生物繁殖不是一回事,不能用"增殖税"。

23. 侦查·侦察　关键在于把"查"与"察"的区别搞清楚。查,包括检查和调查的意思,如"检查""审查""查究""查阅"等;察,包含仔细观察和调查的意思,如"观察""考察""察访""察觉"等。"查访"和"察访","查看"和"察看"有时可以通用,但表示的意思有细微差别。查访、查看的"查",主要指检查、察访;察看的"察"是指观察、仔细看的意思。

侦查,公安机关、国家安全机关和监察机关在刑事案件中,为了确定犯罪事实和证实犯罪嫌疑人、被告人确实有罪而进行调查及采取有关的强制措施,如侦查案情。

侦察,指为了弄清敌情、地形及其他有关作战的情况而进行活动,如"侦察飞行"。

侦查,是司法用语,主要指调查和检查;侦察,是军事用语,主要指观察和察看,在词义和用法上都有区别。

24. **度过·渡过** 度过,主要是时间上的经过,如"这个五一假期在海边度过";渡过主要指的是由此岸到彼岸,是空间的经过,首先是涉水的空间转移,如"渡过重洋""渡过黄河"。另外,"渡过"也用于比喻义的通过,如"渡过艰难险阻""渡过难关"。

25. **权力·权利** 权力,指政治上的强制力量,也指职责范围内的支配力量;权利,词义侧重于利,多用来指公民或法人依法行使的权力和享受的利益(跟义务相对)。

26. **抑制·克制** 抑制,主要有两个含义。① 大脑皮层的基本神经活动之一,是在外部或者内部刺激下产生的,作用是阻止皮质的兴奋,减弱器官的活动,如"睡眠就是大脑皮质全部处于抑制的现象";② 压下去,控制,如"他抑制不住内心的喜悦"。克制,指克服、制服,多指抑制情感,如"他很能克制自己的情感,冷静地处理问题"。

27. **筹办·筹措** 筹办,指筹划办理,对象是事情;筹措,指设法弄到,对象是财物等东西,如款子、粮食等。

28. **披阅·批阅** 披阅,指披览,阅读;批阅,指阅读并加以批示或批改。

29. 考察·考查 考察,指实地观察了解、调查研究,也指细致深刻的观察;考查和检查差不多,强调用一定的标准来衡量(行动、行为)。

30. 开辟·开拓 开辟,指打开通路,创立(从无到有);开拓,指开辟、扩展(从小到大)。

31. 宽慰·安慰 宽慰,指宽解、安慰;安慰,形容心情安适(或用作使动)。

32. 困苦·痛苦 困苦,指生活上艰难痛苦;痛苦指身体或精神感到非常难受。

33. 机体·肌体 机体,是生命个体的总称,如加速机体的新陈代谢;肌体,指身体,常用来比喻组织机构。

34. 既而·继而 既而,时间副词,着重指前后两件事发生的时间相隔不久,一般单用;继而,关联副词,前后两事紧紧相连,常与"始而""先是"搭配。

35. 校正·矫正·教正 校正,校对更正文字、位置上的偏差和错误;矫正,纠正生理毛病和错误偏差;教正,客套话,让人指教。

36. 误解·曲解 误解,错误地理解。曲解,错误解释客观事实或别人的原意(多指故意的),

如"你这样分析课文,实际上是曲解了作者的创作意图"。

37. 辣手·棘手　辣手,指手段厉害或毒辣;棘手,指形容事情难办。

38. 界限·界线　界限,指不同性质事物的分界、限度、尽头等,意思笼统;界线,指分界的线(具体的)。

39. 急躁·暴躁　急躁,侧重于"急",有两种意思:① 碰到不称心的事情马上激动不安;② 想马上达到目的,不做好准备就行动。暴躁,侧重于"暴",指遇事好发急,不能控制情绪。

40. 经历·阅历　经历,指亲身见过、做过或遭遇过(的事)。如"他一生经历过两次世界大战""生活经历"。阅历,指:① 亲身见过、听过或做过;② 由经历得来的知识。常用作名词,如"他阅历很浅"。

41. 鉴赏·欣赏　鉴赏,指鉴定和欣赏(艺术品、文物);欣赏,指享受美好的事物,领略其中的趣味。

42. 局面·场面　局面,一个事情内事情的状态,范围大,较抽象,如"生动活泼的政治局面";场面,一定场合下的情境,范围小,较具体,如"场面壮观"。

43. 尽管·无论　尽管,作连词时,表姑且承认某种事实,下文往往有"但是""然而"等表转折的连词呼应;无论,连词,表条件不同而结果不变。

44. 节余·结余　侧重点不同。节余,是因节约而剩下;结余,是结算后剩下。

45. 简洁·简截　简洁,(说话、行文等)简明扼要,没有多余的内容;简截,同"简捷",直截了当。

46. 究竟·毕竟　都含有"到底"的意思。究竟,表示追根到底,用于疑问句,语气不肯定;可兼作名词,表示原因和结果。毕竟,表示追根到底所得的结论,有加强语气的作用。

在表示肯定语气时,毕竟和究竟可以通用。同二者词义相近的词有"到底""终归""终究"。

47. 精密·周密　精密,侧重于"精",意为精确细密,多指研究或制作的精确程度;周密,侧重于"周",形容做事周到、全面、细密。

48. 截止·截至　截止,动词,不带宾语但可带补语,表示(到一定期限)停止;截至,一般作介词,与宾语组成介词短语作状语,通常用于尚未结束的过程,截止到。

49. 艰苦·坚苦　艰苦,艰难困苦,适用于环境、生活、岁月等客观条件;坚苦,坚毅刻苦,适用于主观精神、工作作风等。

50. 艰辛·艰难　艰辛,强调办事的艰难而辛苦;艰难,强调事物或行为的困难。

51. 坚忍·坚韧　坚忍,坚持而不动摇;坚韧,顽强而有韧性。

52. 痕迹·踪迹　痕迹:① 物体留下的印记;② 残存的迹象。踪迹,指行动所留下的痕迹,重在行动后留下的。

53. 合计·核计　合计:① 盘算,商量;② 合在一起计算。核计,指核算(成本)。

54. 焕发·激发　焕发:① 光彩四射;② 振作。激发,指刺激使兴奋。

55. 豁然·霍然　豁然,形容开阔或通达。霍然:① 副词,突然;② 形容词,疾病迅速消除(书面语)。

56. 轰然·哄然　轰然,大声;哄然,许多人同时发出声音。

57. 宏大·洪大　宏大,侧重于规模大,常用于建筑物、队伍、场面、理想;洪大,声音大而响亮。

58. 化装·化妆　化装有两个意思:① 假扮;② 指演员为了适合所扮演的角色形象而修饰容貌。

化妆的含义:① 特指艺术范畴,适用对象是指特定的表演者,有通过修饰、打扮而改变原来面貌的意思(该词义与"化装"通用);② 指生活化妆,有用脂粉等妆饰品修饰容颜,使容貌美丽的意思。

化装侧重于装扮;化妆侧重于打扮。

59. 淡泊·淡薄　淡泊,不追求名利(书面语);淡薄,(云雾等)密度小,(味道)不浓,(感情、兴趣等)不浓厚,(印象)因淡忘而模糊。

60. 大义·大意　大义,大道理,如"微言大义";大意,"主要的"或"大概的"意思。

61. 惦记·思念　惦记,指(对人或事)心里老想着,放心不下,多用于口语;思念,指对景仰的人、离别的人或环境不能忘怀,希望见到,多用于书面语。

62. 电讯·电信　电讯,指用电话、电报或无线电设备等传送的信息;电信,指用电话、电报或无线电设备等传送信息的通信方式,旧称电讯。

63. 典雅·高雅　典雅,指优美而不粗俗;高雅,指高尚而不粗俗。

64. 对于·关于　都是介词。对于,引进对象或事物的关系者。关于:① 引进某种行为的关系者,组成介宾作状语;② 引进某种事物的关系者,组成介宾作定语,后面要加"的"。

注意:表关涉,用"关于"不用"对于";指出对象,用"对于"不用"关于";兼有两种情况时可以互用;"关于"有提示性质的意义,用"关于"组成的介宾,可以单独作标题,用"对于"组成的介宾,只有跟名词组成偏正短语才能作标题,如"对于政策的认识"。

65. 凋敝·凋零　凋敝,生活事业衰败,如"民生凋敝"。凋零:① 草木凋谢零落,如"秋风扫过,万木凋零";② 衰落,如"家道凋零"。

66. 恩惠·恩赐　恩惠,名词,给予或受到的好处;恩赐,动词,泛指因怜悯而施舍。

67. 发奋·发愤　奋,指鸟振翅飞翔,后来引申为振作、鼓动;愤,指因为不满意而感情激动。

发奋,指振作起来,如"发奋努力""发奋有为"等;发愤,指决心努力,如"发愤忘食""发愤图强"等。

发奋,强调精神振作;发愤,突出精神受到刺激而产生向上的内动力。

发奋,使用的范围要比"发愤"大,可以指个人,也可以指群体或国家;"发愤"一般指个人。

使用上,发奋可以说"奋发",而发愤则不能说"愤发"。

68. 法制·法治　法制,指有关的法律制度;法治,表示根据法律来治理国家。

69. 凡响·反响　凡响,指平凡的音乐;反响,指事物所引起的回响,反应。

70. 妨害·妨碍　妨害,指有害于事物发展(程度重),使受损害,如"妨害健康""妨害要表达的义理";妨碍,指使事物不能顺利进行,如"妨碍交通""妨碍政策的实施"。

71. 抚育·哺育·抚恤　抚育,指照料、教育儿童或照管动植物;哺育,指喂养,比喻培育;抚恤,指(国家或组织)对因公受伤、牺牲或残废人员的家属进行安慰并给以物质帮助。

72. 肤浅·浮浅　肤浅,(学识)浅,理解不深;浮浅,(思想作风、文章风格)浅薄、不切实。

73. 伏法·服法　伏法,依法处以死刑;服法,认罪。

74. 伏帖·服帖　伏帖,心里舒服、顺从。服帖,顺从、妥当,常用 AABB 式重叠。

表示顺从、驯服时,服帖、伏帖通用。但表示舒坦时用"伏帖",表示妥当时用"服帖",如"把事情办服帖"。

75. 赋予·付与　赋予,指(上对下)交给,是特殊用法;付与,指拿出、交给,是一般用法。

76. 富裕·富余 富裕,指财物充足;富余,指足够而有剩余。

77. 分辨·分辩 分辨,指把两个以上的人或事物区分开,有分析辨别的意思;分辩,指为消除所受的指责而进行解释、说明,与"辩解"意思相同。

78. 风气·风俗·风尚 风气,指社会上或某个集体流行的爱好和习惯;风俗,指社会上长期形成的风尚、礼节、习惯等的总和,范围较大;风尚,指在一定时期中社会上流行的风气和习惯。

79. 废除·废黜·解除 废除,指取消、废止(法令、制度、条约等);废黜,指罢免、革除(官职),现多指废除特权;解除,指去掉、破除(警报、顾虑、武装、职务等)。

80. 沟通·勾通 两个词都有相通连的意思,但"勾通"为贬义词,指暗中串通、勾结。

81. 公然·公开 公然,指公开的,毫无顾忌的(贬义);公开,指(与秘密相对)不加隐蔽的。

82. 灌注·贯注 灌注,指用液体浇灌;贯注,指精力集中,有"贯穿下去"的意思。

83. 光临·惠顾 光临,是敬辞,称宾客的来到;惠顾、惠临,多用于商店对顾客。

84. 贯穿·贯串　贯穿,指穿过、通过(较具体的事物);贯串,指从头到尾穿过一个或一系列事物。

85. 国事·国是　国事,指国家大事;国是,指国家大计,国家的大政方针;用"国是"的地方一般也可用"国事",但反之却不一定,比如较具体的事务,就不能用"国是"。

86. 给予·给以　给予,书面语,也作"给与";给以,所带宾语只说所给的事物,不说接受的人,并且多为抽象事物,如"应当给以帮助"。

87. 安详·慈祥·祥和　安详,指神态平静、从容稳重;"祥"指吉利,如"祥云""发祥"。慈祥,形容老年人的态度神色和蔼安详。祥和,指气氛而言。

88. 把戏·伎俩　把戏,指花招,蒙蔽人的手法;伎俩,指不正当的手段(贬义)。

89. 包含·包涵　包含,包容、含有;包涵,原谅、宽恕。

90. 暴发·爆发　都是动词,都含有"突然发作"的意思。暴发,强调突然性;爆发,强调爆炸性。爆发的使用范围比暴发宽。

暴发:① 指突然发财或得势,多含有贬义;

② 指突然发作,多用于山洪、大水或疾病等具体事物。

爆发:① 指因爆炸而迅猛发生,多用于具体事物,如"火山爆发";② 指像爆炸那样突然地发生,多用于抽象事物,如革命、起义、运动等重大事变,再如力量、情绪等。

91. 本义·本意　本义,词的本来意义,与引申义、比喻义相对;本意,指心里本来的想法、目的。

92. 不至(不至于)·不致　不至(不至于),不会达到某种程度,如"决不至于不知道";不致,不会引发某种后果,如"决不致犯错误"。

93. 不止·不只　不止,副词,不停止或超出某个数目或范围,句中一般带有表数量的词;不只,用于表递进关系的关联词,常同"还有、甚至"等连用,表示递进关系。

94. 抱怨·报怨　抱怨,心中不满,数说别人不对;报怨,对怨恨的人做出反应。

95. 甄别·鉴别　甄别,审查鉴定(优劣、真伪),考核鉴定(能力、品质等),如"近几年我国出土了大量先秦时期的典籍,使我们有可能对过去被判为伪书的作品重新加以甄别"。鉴别,一般用来指判别事物的好坏,如"在选择读书时,我们首先要鉴别书的好坏"。

96. 草率·轻率　草率,指(做事)不认真,敷衍行事;轻率,(说话做事)随随便便,不经过慎重考虑。

97. 苍茫·苍莽　苍茫,多指夜色、水域、大地等旷远、迷茫,引申为模糊不清;苍莽,多指树林、山岭、大地等广阔无边,引申为意境心胸开阔。

98. 长年·常年　长年,一年到头,整年,如"长年在野外工作"。常年:① 终年、长期,如"常年坚持体育活动";② 平常年份,如"常年产量不过200 斤"。

99. 呈现·浮现　呈现,露出的事物较清楚,持续的时间长,多是直接看到的(不是想象的)多在事物本身,有时在人的眼前。对象多是现实的事物,如颜色、景色、神情、气氛等。

浮现,往往是影影绰绰的,持续的时间较短,多是想象的,有时是直接看到的,多在脑中、眼前、脸上等。对象多是人的形象、印象、往事、表情等。

100. 嗤笑·耻笑　都含有"取笑"的意思,但是程度不同。耻笑的程度重,嗤笑的程度轻。

嗤笑,以为可笑而讥讽嘲笑,如"他是因为有心理障碍才口吃的,不要嗤笑他"。

　　耻笑,以为可耻而鄙视嘲笑,如"日本政府至今也不肯面对过去的侵略历史,这种欺世行为怎么能不遭到世人的耻笑!"

常见反义词 100 例

A

安心—担心　　安慰—责备　　按照—违背
昂首—俯首　　昂扬—低落

B

包围—突围　　抱怨—体谅　　必然—偶然
表面—本质　　别致—普通

C

灿烂—暗淡　　仓促—从容　　常常—偶尔
陈腐—新奇　　承担—推脱　　充实—空虚
抽象—具体　　踌躇—果断　　纯粹—混杂
粗鲁—斯文

D

大概—确切　　呆板—灵活　　得意—失意
低沉—高亢　　典雅—粗俗

F

发奋—气馁　　乏味—有趣　　放肆—收敛
非凡—平庸　　肤浅—深刻

G

尴尬—自然　　高亢—低沉　　固执—变通
故意—无意　　过度—适度

H

含蓄—直率　　浩瀚—渺小　　宏观—微观
滑稽—庄重　　荒谬—合理

J

简洁—烦冗　　解放—束缚　　介意—释怀
经常—偶尔　　绝对—相对

K

开明—顽固　　肯定—否定　　宽厚—刻薄

宽裕—拮据　　扩充—缩减

L

冷静—冲动　　临时—正式　　流传—失传
笼统—具体　　沦陷—收复

M

朦胧—清晰　　梦幻—现实　　腼腆—大方
敏捷—迟钝　　明显—隐晦

N

内疚—心安　　凝固—溶化　　浓艳—淡雅
虐待—优待　　鸟瞰—仰望

P

平常—特别　　平凡—非凡　　普通—特别
漂泊—安稳　　迫切—从容

Q

牵挂—忘怀　　强迫—自愿　　全部—局部
全面—片面　　蜷缩—伸直

S

洒脱—拘束　　散漫—严整　　神奇—平常
实质—表象　　怂恿—劝阻

W

挖苦—奉承　　微观—宏观　　围拢—散开
维持—改变　　无私—自私

X

昔日—今朝　　详情—概况　　幸福—痛苦
幸运—倒霉　　寻常—特别

Y

压抑—舒展　　野蛮—文明　　一致—分歧
依附—独立　　渊博—浅薄

Z

展望—回顾　　真理—谬论　　中断—连续
庄重—随便　　自在—拘束

（五）成　语

·知识简说·

成语是人们从历史上传承下来并长期使用的结构凝固、语义精辟且具有民族特点的熟语。

1. 成语的特点

（1）历史的传承性。大多数成语沿袭自神话寓言（如"愚公移山"）、历史故事（如"四面楚歌"）、诗文语句（如"学而不厌"）或口头俗语（如"鸡毛蒜皮"），具有历史的传承性。

（2）结构的凝固性。成语结构的凝固性主要表现在成语字数、构成成分和结构关系的固定性上。绝大部分成语由四字构成，结构关系和次序不能随便改变，例如"满城风雨"不能改成"风雨满城"。

（3）意义的整体性。大多数成语的整体意义是比喻义。例如"为虎作伥"，本义是为老虎引路的鬼。比喻义是给坏人做帮凶，为坏人效劳。

2. 成语辨析技巧

（1）精准理解词义，避免望文生义。例如：

围棋等棋类游戏能很好地培养人的统筹意识和战略眼光，因为如果目无全牛，就很可能因顾此失彼而落败。

"目无全牛"语出《庄子·养生主》:"三年之后,未尝见全牛也。"形容技艺已达到十分纯熟的地步。

再列举一些常因望文生义而用错的成语:

差强人意:大体上能让人满意。不能理解为"不满意"。

火中取栗:比喻冒险给别人出力,自己却上了大当,一无所得。也指冒险行事,使自己蒙受损失。不能理解为"冒危险为自己捞取好处"。

不瘟不火:指戏曲不沉闷乏味,也不急促,恰到好处。不能理解为"不火爆"。

首当其冲:指首先受到攻击或遭遇灾难。不能理解为"冲在最前面或首要的"。

久假不归:长期借用,不归还。不能将"假"理解为"放假"。

当仁不让:泛指遇到应该做的事,积极主动去做,不推让。不能理解为"理所当然"。

不足为训:指不能当作范例或法则。不能理解为"不值得作为教训"。

七月流火:天气转凉。不能理解为"天气很热"。

瓜田李下:经过瓜田,不弯下身来提鞋,免得人家怀疑摘瓜;走过李树下面,不举起手来整理帽子,免得人家怀疑摘李子。泛指容易引起嫌疑的地方。不能理解为"瓜田边,李子树下"。

不赞一词:原指文章写得很好,别人不能再添一句话,现在也指一言不发。不能只关注"赞"。

明日黄花:原指重阳节过后菊花日渐枯萎,没什么好玩赏的了。比喻过时或无意义的事物。后多比喻已失去新闻价值的报道或已失去应时作用的事物。不能理解错写成"昨日黄花"。

(2) 明确感情色彩,避免褒贬误用。例如:

他性格比较内向,平时沉默寡言,但是一到课堂上就变得振振有词,滔滔不绝,所以他的课很受学生欢迎。

"振振有词"形容理由似乎很充分,说个不休。多用于贬义,本句语境是褒义。

少年强则国强,一旦一个国家的青少年群体普遍沉溺于玩乐,胸无城府,不思进取,不关心国家大事,那么这个国家的未来则让人担忧。

"胸无城府"形容人坦率真诚,没有心机。褒义词。用在本句中不恰当,可改为"胸无大志"。

再列举一些褒贬易误用的成语:

倾巢而出:比喻敌人出动全部兵力侵扰。

面目全非:事物的样子改变得很厉害。

上下其手:指玩弄手法,暗中作弊。

坐而论道:原指坐着议论政事,后泛指空谈大道理。

一团和气:原指和蔼可亲,现多指态度温和而缺乏原则。

无独有偶:虽然罕见,但是不止一个,还有一个可以成对儿(多用于贬义)。

炙手可热:炙,烤。指手一靠近就觉得热;比喻气焰权势之盛。

弹冠相庆:指一人当了官或升了官,他的同伙也互相庆贺将有官可做(含贬义)。

过江之鲫:现在形容赶时髦的人很多、连续不断。

满城风雨:形容事情传遍各处,到处都在议论着(多指坏事)。

(以上为贬义成语)

惨淡经营:费尽心思辛辛苦苦地经营筹划。后指在困难的境况中艰苦地从事某种事业。

苦心孤诣:费尽心思钻研或经营,达到别人达不到的境地。

凤毛麟角：比喻稀少而可贵的人或事物。

叹为观止：指赞美看到的事物好到极点。

蔚然成风：形容一种事物逐渐发展流行，形成风气。

毁家纾难：捐献全部家产，帮助国家缓解危难。

雨后春笋：比喻新事物大量出现。

侃侃而谈：形容说话理直气壮，从容不迫。

死得其所：形容死得有意义、有价值。

特立独行：指有操守、有见识，不随波逐流。

（以上为褒义成语）

（3）明确适用范围，避免用错对象。例如：

小庄从小就对机器人玩具特别感兴趣，上学后喜欢收集机器人模型，通过各种途径得到的模型已经汗牛充栋，摆满了整整一间屋。

"汗牛充栋"形容书籍极多。句中用来形容"模型"多，属于错用。

屏幕中的剧情风生水起，扣人心弦。

"风生水起"指风从水面吹过，水面掀起波澜。形容事情做得有生气，蓬勃兴旺。不能用来形容"剧情"。

再举一些易用错对象的成语：

巧夺天工:精巧的人工胜过天然,形容技艺极其精巧。该词的适用范围仅限于人工产品,不能用于形容自然美景。

浩如烟海:形容文献、资料等极为丰富。不能用于形容"地方宽阔"。

扣人心弦:形容诗文、表演等有感染力,使人心情激动。不能用于形容灾情、局势等。

倚马可待:形容文思敏捷,写文章快。不能用于形容做事速度快。

豆蔻年华:指女子十三四岁的年纪。不能用于男子。

草长莺飞:形容江南春天的景色。只能用于形容江南的景色,不能用于形容北方草原。

间不容发:两物中间容不下一根头发,形容事物之间距离极小,也形容与灾祸相距极近,情势极其危急。不能用来形容关系亲密。

积重难返:长期形成的不良的风俗、习惯不易改变。也指长期积累的问题不易解决。不能用来形容具体的事物。

活灵活现:形容描述或模仿的人或事物生动逼真,使用对象是描述的形象或假物。不能用于真实的事物。

三人成虎：比喻流言惑众，使人以假为真，使用对象是流言、讹传等。不能用于表示团结。

（4）把握谦辞、敬辞之分，避免谦敬错位。例如：

在群众路线教育实践活动中，领导们大多都摒弃了过去在主席台上大讲特讲的习惯，而是深入到群众中去座谈，让群众洗耳恭听。

"洗耳恭听"指专心地听（请人讲话时说的客气话），一般用作敬辞。而此句中说"让群众洗耳恭听"，谦敬失当。

小王同学站起来说道："陈教授刚才那番话抛砖引玉，我下面要讲的只能算是狗尾续貂。"

"抛砖引玉"比喻用粗浅的、不成熟的意见引出别人高明的、成熟的意见。是谦辞，用于"陈教授"有失恭敬。

再列举一些易谦敬错位的成语：

蓬荜生辉：表示由于别人到自己家里来或张挂别人给自己题赠的字画等而使自己非常光荣。

敝帚自珍：一个破扫把，自己也十分珍惜。比喻自己的东西再不好也值得珍惜。

敬谢不敏：敬，恭敬；谢，推辞；不敏，不聪明，没有才能。表示推辞做某事的客气话。

忝列门墙:忝,辱没他人,自己有愧。表示自己愧在师门。

才疏学浅:才能低,学识浅。

挂一漏万:挂,列举;漏,遗漏。形容列举不全,遗漏很多。

不情之请:客套话,不合情理的请求(向人求助时称自己的请求)。

姑妄言之:姑且说说(对于自己不能深信不疑的事情,说给别人时常用此语以示保留)。

雕虫小技:比喻微不足道的技能(多指文字技巧)。

管窥蠡测:管,竹管;窥,从小孔或缝隙里看;蠡,瓢。从竹管里看天,用瓢来量大海。比喻眼光狭窄,见识短浅。

(以上成语易谦辞错位)

高抬贵手:客套话,多用于请求对方饶恕或通融。

不吝赐教:敬辞,用于自己向别人征求意见或请教问题。

鼎力相助:敬辞,大力相助(表示请托或感谢时用)。

洗耳恭听:专心地听(请人讲话时说的客气话)。

大材小用:大的材料用在小处。多指人事安排上不恰当,屈才。

率先垂范:带头给下级或晚辈做示范。

虚怀若谷:谦虚的胸怀像山谷一样空旷深广。形容非常谦虚。

虚左以待:虚,空着;左,古时以左位为尊。空着左边的位置等待客人,表示尊敬。也泛指留出位置恭候他人。

(以上成语易敬辞错位)

(5) 整体理解句段,避免语意重复。例如:

他们或娓娓道来地讲述文物的历史,或扮成古人演绎国宝故事。

"娓娓道来"指连续不断地说,生动地谈论,与后面的"讲述"语意重复。

要解决愈演愈烈的医患矛盾,既需要运用法律武器制止违法行为,更需要从根本上釜底抽薪,进一步推进医药卫生体制改革。

"釜底抽薪"比喻从根本上解决问题,和前面的"从根本上"语意重复。

再列举一些易语意重复的成语:

难言之隐:隐,隐情。难于说出口的藏在内心深处的事情。不能说"难言之隐的苦衷"。

相形见绌:跟另一人或事物比较起来显得远远不如。不能说"显得相形见绌"。

哀鸿遍野:比喻呻吟呼号,流离失所的灾民到处都是。不能说"灾民哀鸿遍野"。

如芒在背:像芒和刺扎在背上一样,形容坐立不安。不能说"好像如芒在背"。

遍体鳞伤:遍,全部;鳞,鱼鳞,这里指伤痕布满全身,像鱼鳞一样密。形容伤势非常重。不能说"浑身被打得遍体鳞伤"。

当务之急:当前急切应办的事。不能说"目前的当务之急"。

生灵涂炭:形容人民处于极端困苦的境地。不能说"人民/百姓生灵涂炭"。

妄自菲薄:过分看轻自己。形容自卑。不能说"妄自菲薄自己"。

莘莘学子:众多的学子。不能说"众多莘莘学子"。

贻笑大方:指让内行人笑话。不能说"让人/使人/被人贻笑大方"。

芸芸众生:泛指众多的平常人。不能说"许多芸芸众生"。

(6) 明确语法规则,避免语法错误。例如:

有些领导漠不关心人民群众的疾苦。

"漠不关心"不能带宾语。

再列举一些易犯语法错误的成语:

含英咀华:比喻琢磨和领会诗文的要点和精神。动词性成语,易误用作形容词。

不谋而合:没有事先商量而彼此的见解或行动完全一致。该成语一般充当谓语,不充当状语。

念念有词:旧时迷信的人小声念咒语或说祈祷的话,也指人不停地自言自语。该成语不能充当状语来修饰"说"。

水到渠成:水流到的地方自然成渠,比喻条件成熟,事情自然成功。该成语不能充当状语,比如"水到渠成地推进"。

街谈巷议:大街小巷里人们的谈论。名词性成语,易误用作动词。

正襟危坐:整理好衣襟端端正正地坐着,形容严肃或拘谨的样子。后面不能带表示处所的介宾短语。

萍水相逢:比喻向来不认识的人偶然相遇。后面不能带表示处所的介宾短语。

望其项背:赶得上或比得上。往往用在否定句中,例如"不能望其项背"。

视为儿戏:比喻不当一回事,极不重视。常常用在疑问句中,例如"怎可视为儿戏"。

耳濡目染:形容见得多听得多了之后,容易受到影响。不能带宾语,不能说"孩子很容易耳濡目染父母的言行"。

(7) 理解句段情境,避免不合语境。例如:

比赛过后,教练希望大家重整旗鼓,继续以高昂的士气、振奋的精神、最佳的竞技状态,在下一届赛事中再创佳绩。

"重整旗鼓"指失败之后,重新集合力量再干(摇旗和击鼓是古代进军的号令)。该句说"再创佳绩",表明本次比赛并未失利。

正在悠闲散步的外科主任王教授,突然接到护士电话说有个病人情况危急,他立刻安步当车向医院跑去。

"安步当车"指慢慢地步行,就当作是坐车。语境强调王教授听说病人情况危急,立刻向医院赶去。

3. 近义成语使用辨析

(1) 根据语意侧重点

要知道生之可贵,但不可_____;要知道死不足惧,但不可轻易言死。(苟且偷生 苟且偷安)

"苟且偷生"与"苟且偷安"都有"只顾眼前的安乐,不顾长远的利益"的意思。但"苟且偷生"指得过且过,勉强地生存下去,重在生存;"苟且偷安"指只图眼前安逸,得过且过,重在安逸。依据"生之可贵"的语境,应选"苟且偷生"。

（2）根据语气与语意程度轻重

上天在惩治一个人的罪孽之前,会先让他得意一时,过上一段太平时日,这样在他_____,最终得到报应时,才会有切肤之痛。（咎由自取　罪有应得）

"咎由自取":遭受责备、惩处或祸害是自己造成的。"罪有应得":干了坏事或犯了罪得到应得的惩罚。两者都有"惩罚是自己招来的,应该的"的意思,但"咎由自取"语义比较轻,"罪有应得"的语义比较重。横线处应选"罪有应得"。

（3）根据适用范围大小

任何人,任何事物,只要与我的身体利益有关,就不能真正占据我的心。我只有忘掉自己,才能_____地进行沉思和遐想。（津津乐道　津津有味）

"津津乐道"与"津津有味"都可以形容讲话时兴致勃勃,但"津津乐道"仅指很感兴趣地谈论,适用范围较窄;"津津有味"不仅指谈论,也可指有兴趣地看着、听着或吃得很有滋味,适用范围较广。应选"津津有味"。

（4）根据适用对象

人人都会渴求自己具有一种_____的精神状态,期望获得充满活力与效能的心理机能;人总是希望最高程度地发展自己的智力与才能,从而能为社会做出卓有成效的贡献。（生机勃勃　生意盎然）

"生机勃勃"与"生意盎然"都有"生命力旺盛"的意思,多用来形容有生气、充满活力。其区别主要在适用对象上,"生机勃勃"的适用对象既可以是草木、自然景象,也可以是人、社会气象;"生意盎然"的适用对象只能是草木、自然景象,不能用来形容人,也不能用来形容社会气象。因此,应选"生机勃勃"。

（5）根据语法特征

挑选优质机芯,注重售后服务,注意手表的外观、启动性能、拨针、走时精度等,学会了这些技巧,就能挑选一款_____的腕表。（如愿以偿　称心如意）

"如愿以偿"与"称心如意"都有"遂心如愿"的意思,但"如愿以偿"多用作谓语,也作状语,一般不作定语；"称心如意"多用作定语,也常用作谓语、状语。例句待填词语用作"腕表"的定语,应选"称心如意"。

(6) 根据感情色彩

帮助王东一家的两年来,刘老师自己也搭了不少钱,但她始终认为,毕竟这是她曾经教过的学生,现在学生需要帮助了,她作为启蒙老师不能_____。(冷眼旁观　袖手旁观)

"袖手旁观"与"冷眼旁观"都有"从旁观看,置身事外"的意思,但"袖手旁观"偏重于不过问,不协助,应该给予帮助而不帮助,含贬义;"冷眼旁观"偏重不热情、不关心,指可以参与而不愿意参与。指用冷淡的态度从旁观看时,含有贬义(但当指用冷静的态度从旁观察时,并不含贬义)。依据"需要帮助"和"不能……"的语境,应选"袖手旁观"。

附：

容易写错的成语 50 例

1. 按部(步)就班
2. 卑躬屈(曲)膝
3. 变本加厉(利)
4. 不徇(循)私情
5. 不知所措(错)
6. 痴心妄(忘)想

7. 独出心(新)裁

8. 翻天覆(复)地

9. 风尘仆仆(扑)

10. 耿耿(梗)于怀

11. 归根结蒂(底)

12. 汗流浃(夹)背

13. 黄粱(梁)一梦

14. 诲(悔)人不倦

15. 积重难返(反)

16. 集(积)思广益

17. 既往不咎(究)

18. 矫(娇)揉造作

19. 噤(禁)若寒蝉

20. 开源节(截)流

21. 寥寥(廖)无几

22. 漫(慢)不经心

23. 明辨(辩)是非

24. 莫名(明)其妙

25. 墨(默)守成规

26. 弄巧成拙(绌)

27. 奴颜婢(卑)膝

28. 呕(沤)心沥血

29. 轻歌曼(慢)舞

30. 屈(曲)指可数

31. 惹是(事)生非

32. 融会(汇)贯通

33. 矢(失)口否认

34. 水泄(泻)不通

35. 耸(怂)人听闻

36. 铤(挺)而走险

37. 乌烟瘴(障)气

38. 瑕不掩瑜(玉)

39. 相辅相成(承)

40. 相形见绌(拙)

41. 销(消)声匿迹

42. 休(修)养生息

43. 要言不烦(凡)

44. 一气呵(哈)成

45. 贻(遗)笑大方

46. 有恃(侍)无恐

47. 原形毕(必)露

48. 针砭(贬)时弊

49. 谆谆告诫(戒)

50. 走投(头)无路

容易用错的成语100例

1. 安之若素　对困窘的遭遇毫不介意,心情平静得像往常一样。现在也指对于错误的言论或事物不闻不问。

误用:真是好事多磨,在经历了许多挫折后,他的公司终于正式成立了,他也可以安之若素了。

2. 八面玲珑　原指窗户宽敞明亮,后用来形容人处世圆滑,不得罪任何一方。

误用:这块天然宝石,晶莹剔透,八面玲珑,光彩夺目,可称世间极品。

3. 白头如新　相交虽久而并不知己,像新知一样,指交友互不知心。

误用:老王和老李曾非常要好,20多年前,两人产生了矛盾,一直互不理睬。退休后,一件偶然的事,消除了他们多年的隔阂,两人和好如初,白头如新,大家也为之高兴。

4. 坂上走丸　坂(bǎn),山坡,斜坡。形容事情发展很快。

误用:从某种意义上讲,搞财务工作犹如坂上走丸,有一定的风险,只有精通业务,严于律己,才能"化险为夷"。

5. 抱残守缺　守着残缺的东西不放。形容思想保守,不肯接受新事物。不能用于对某种旧物有感情。

误用:一只发黑的藤编书箱,一把破旧的竹躺椅,放在哪儿都碍事,可祖父说跟它们有"乡情",不肯扔掉。我想,这是老年人特有的抱残守缺的心理,应当理解。(可用"敝帚自珍"。)

6. 比翼双飞　比翼,即比翼鸟,比喻夫妻。如比翼鸟双宿双飞,形影不离。比喻夫妻恩爱。不能用于两个男女学生。

误用:一家报纸曾刊载一篇题为"比翼双飞两'状元'"的文章,报道某市男女两位高考状元的事。

7. 不耻下问　不以向地位、学问较自己低的人请教为可耻。

误用:老李从小就养成了勤学好问的良好习惯,遇到问题,总是不耻下问,及时向同事、亲朋好友甚至左邻右舍请教。

8. 不孚众望　孚,使人信服。不能使大家信服。

误用:在球迷的呼吁下,教练使用了巴乔,他在世界杯上果然不孚众望,多次挽救了意大利队。(句中应用"不负众望"。)

9. **不假思索**　用不着想。形容说话做事迅速。

误用:同志们都认为,他这个人办事向来深思熟虑,计划周密,不假思索。

10. **不绝如缕**　像细线一样连着,差一点就要断了。多用来形容局势危急或声音细微悠长。

误用:五一长假,来黄山旅游的人络绎不绝,不绝如缕。

11. **不刊之论**　刊,消除。古代把字写在竹简上,有错误就削去;不刊,比喻不能改动或不可磨灭。形容不能改动或不可磨灭的言论。

误用:这篇文章写得太差,真是不刊之论。

12. **不可开交**　开交,结束,解决。无法摆脱或结束。

误用:新春佳节将至,这家著名的大商场人头攒动,挤得不可开交。

13. **不可理喻**　喻,使明白。不能够用道理使他明白。

误用:对外国人来讲,京剧舞台上那种木头刀枪稀松一碰,口中一吆喝就打了一仗,简直不可理喻。

14. **不名一文**　名,指占有。形容穷到极点,连一文钱也没有。

误用:王宝森之流贪污腐化,挥霍浪费国家财产,他的人格可说是不名一文。(句中可用"不值一钱"。)

15. 不能自已　已,停止。指无法控制自己,使激动的情绪平静下来。

误用:课堂上我一时不能自已,竟然趴在桌子上睡着了,结果被老师提到办公室狠批了一顿。

16. 不情之请　不合情理的要求。常用作对人有所请托的客套话。

误用:有的人向人民伸手要官要权,这种不情之请绝不答应。

17. 不忍卒读　不忍心读完,多形容文章悲惨动人。

误用:随着出版业的市场化和多元化,类型多样、题材丰富的作品大量涌现,其中也有一些作品粗制滥造,令人不忍卒读。

18. 不容置喙(huì)　不容别人插嘴。喙,嘴。

误用:"权钱交易""权权交易"等时下的腐败病症,在这个领域里虽不能说样样俱全,但该领域遭受"感染"却是不容置喙的事实。

19. 不胜其烦　烦琐得使人受不了的意思。

误用:马大嫂为人热情,工作兢兢业业,总是不胜其烦地为小区居民做好每一件事。

20. **不以为然**　然,对。不认为是对的,表示不同意。

误用:开始,人家送礼他都不收,时间长了,他就认为是小事一桩,犯不着太认真,也就不以为然了。

21. **城下之盟**　因敌军兵临城下而被迫签订的屈辱性的和约。多误解为签订下合同。

误用:两个贪婪的家伙以为法院没有掌握他们鲸吞公款的罪行,利用机会订立城下之盟。

22. **充耳不闻**　充,堵塞。塞住耳朵不听。形容存心不听别人的话。

误用:这个世纪是信息时代,一个人如果整日充耳不闻,不去了解大千世界的变化,是不可能有大作为的。

23. **春秋笔法**　孔子修订《春秋》语句中含有褒贬。后人就指文笔曲折而意含褒贬的文字为"春秋笔法"。

误用:何先生西洋油画的功底非常深厚,对中国画的春秋笔法也十分熟稔,寥寥几笔,一个鲜活的形象便跃然纸上。

24. **大方之家**　大方,大道理。懂得大道理的人。后泛指见识广博或学有专长的人。

误用:告别时,他非要送我几块高档衣料不可,真是大方之家。(句中把"大方"误解为"不吝啬"。)

25. 大快人心　指坏人受到惩罚或打击,使大家非常痛快。同"拍手称快"。

误用:改革开放政策富裕了老百姓,真是大快人心。

26. 弹冠相庆　因即将做官而互相庆贺,多用于贬义。

误用:1993年,森达皮鞋就卫冕了中国"鞋业大王"称号,没容他的"农民军团"弹冠相庆,朱相桂已开始深思了。

27. 得意忘言　既已领会其意旨,则不再需要表意之言词。后亦引申为彼此默喻,心照不宣。

误用:听到女儿考上重点大学的好消息,老李竟高兴得手舞足蹈,得意忘言。

28. 登堂入室　堂、室,古代宫室,前面是堂,后面是室。登上厅堂,进入内室。比喻人在学问或技艺方面由浅入深,循序渐进,达到更高的水平。

误用:朱光潜幼年常蹲在教室窗下听父亲讲课,一次被父亲无意间发现,便让他登堂入室,他成了父亲最年幼的学生。

29. 独到之处　指与众不同的见解。

误用：塑料有不受酸碱腐蚀的独到之处，这是钢铁所不及的。

30. 耳提面命　拉着耳朵当面指导，形容教诲恳切，要求严格。

误用：教育学生要讲究方式方法，不能总是耳提面命，摆家长作风。

31. 翻云覆雨　比喻耍手段，弄权术，反复无常。贬义。

误用：辛弃疾继承并发扬了苏东坡的豪放风格，以翻云覆雨的笔力，激昂跌宕的气势，抒情言志，针砭现实，形成南宋词坛一大流派。

32. 犯而不校　校，计较。别人触犯了自己也不计较。

误用：一个人在工作中难免有一些缺点和错误，只要认真改正就行，不能犯而不校。（可用"一意孤行"，指不接受别人的劝告，顽固地按照自己的主观想法去做。）

33. 粉墨登场　粉墨，指化妆用品。化妆登台演戏，也用于讽刺某些人登上政治舞台。

误用：王帆竞选班长一职成功，就职演说那

天,他精心准备后粉墨登场。

34. 风起云涌　常比喻多种力量或事物并起,发展迅速,声势浩大。

误用:中国人民解放军胜利地渡过长江,以风起云涌之势迅速地歼灭了盘踞在江南的国民党军队。(可用"风卷残云"。)

35. 风声鹤唳　唳,鹤叫。常与"草木皆兵"配合使用,形容惊慌失措或自相惊扰。

误用:近年来这份报纸引起的报业大战,杀得人仰马翻、天昏地暗、风声鹤唳。

36. 风雨飘摇　形容形势很不稳定。

误用:流浪的人快回来吧,不要再过这种风雨飘摇的日子了。

37. 凤毛麟角　凤凰的毛,麒麟的角。比喻稀少而可贵的人或事。不是指稀少。

误用:在今年的"排队推动日"活动中,虽仍有凤毛麟角的几个"不自觉者",但广大市民不论乘车还是购物都能自觉排队。

38. 俯拾即是　俯下身子就能拾到。形容数量极多,随处可得。

误用:珠宝专卖店的柜子里,各种式样的名贵宝石俯拾即是,吸引了许多顾客。(可用"琳琅满目"。)

39. **付之一笑**　一笑了之,表示毫不介意。

误用:他待人态度谦和,不论遇到谁,都付之一笑。(句中误解为对人笑脸相迎。)

40. **改头换面**　比喻只改形式,不改内容。贬义。

误用:在市场经济条件下,这家小店不仅装饰一新,而且转变了服务作风,改头换面,焕然一新。

41. **改弦易辙**　易,更换;辙,车轮轧下的痕迹,这里指道路。乐器换掉弦,车子改换道路。比喻变更方向、计划或做法。

误用:虽然这个店的招牌几易其名,改弦易辙,但因其服务质量差,顾客仍然很少。

42. **肝脑涂地**　原来形容惨死,后来表示竭尽忠诚,不惜任何牺牲。

误用:西山村伏击战中,日寇被八路军打得横尸阡陌、肝脑涂地。

43. **高屋建瓴**　建,倾倒;瓴,水瓶。把水瓶从高屋脊上向下倾倒。比喻居高临下,其势不可阻挡。

误用:这座度假村建在山的最高处,面对着一望无际的大海,远远望去,的确给人以高屋建瓴之感。

44. 歌功颂德　意思是颂扬功绩和德行。多用于贬义。

误用:他们的火一般的激情,为这些好人好事歌功颂德。

45. 后起之秀　秀,特别优异的。后出现的或新成长起来的优秀人物。

误用:刚一起跑,高三(1)班的夏曦就滑倒了。他爬起来奋力追赶,离终点 20 米时终于成为后起之秀,夺得 3000 米跑的第一名。(并非指开始时落后,后来超越他人的人,可用“后来居上”。)

46. 涣然冰释　涣然,流散的样子。流散,消失得像冰块消融一样。一般比喻疑团解除。

误用:这部轻喜剧逗得大家哈哈大笑,人们所有的烦恼都涣然冰释了。

47. 祸起萧墙　萧墙:古代宫室内当门的小墙(照壁),比喻为内部。祸害起于内部。

误用:没想到,由于楼房的工程质量不过关,结果造成严重事故,真是祸起萧墙。(句中误把“萧墙”视为楼房的墙壁了。)

48. 既往不咎　意思原指已经做完或做过的事,就不必再责怪了;现指对以往的过错不再责备。

误用:日本军国主义分子抱着既往不咎的态度,恶意篡改侵华历史,这是中国人民绝不能接受的。

49. 江河日下　江河的水逐日流向下游。比喻事物日衰,景象日非。

误用:近几年,黄河、岷江的部分河段多次出现断流现象,面对这江河日下的情况,人们开始冷静地思考环保问题。

50. 孑然一身　孑,单独。孤零零的一个人。

误用:月明星稀,夜深人静,王小晓独自孑然一身地匆匆穿过小巷,闪进了巷口的一个漆黑的大门。

51. 津津乐道　津津,兴趣浓厚的样子;乐道,喜欢谈论。指很有兴趣地去谈论。

误用:这件事情非常有趣,满脸笑容的他讲得津津乐道。(句中"津津乐道"与"讲得"重复,可删去"讲得"。)

52. 泾渭分明　比喻界限清楚。

误用:这是一个很敏感的问题,一提到这个问题,就会公说公有理,婆说婆有理,很难泾渭分明。

53. 绝无仅有　形容极其少有。

误用:可以断言,所有大大小小的知识分子,没有得到过这位"不说话的老师"(指各类辞书)指教的,绝无仅有。(不是"绝对没有"的意思。)

54. **慷慨解囊**　解囊,打开钱袋。形容豪爽大方地在经济上给人帮助。

误用:仅仅靠一双脚板、一块块地搜集,很难收到较多的奇石。为了充实自己的"奇石王国",他常常慷慨解囊,上门求购别人珍藏的奇石。

55. **良莠不齐**　莠,类似谷子的野草。好苗和野草混杂在一起。常比喻好人和坏人难以区分。

误用:参赛歌手的素质良莠不齐,在过"文化关"时,着实让电视机前的观众大跌眼镜。

56. **淋漓尽致**　淋漓,渗透了水的样子,比喻尽情、酣畅;尽致,达到极点。形容文章或说话表达得详尽、透彻,也指暴露得很彻底。

误用:这篇文章把敌人的反动论点批驳得淋漓尽致。(可改为"体无完肤"。)

57. **另眼相看**　用另一种眼光去看待,多指看待某个人不同于一般。

误用:进入高三以来,一向学习成绩平平的陈浩一直特别刻苦,进步很大,真叫人不得不另眼相看。(句中可用"刮目相看"。)

58. **屡试不爽**　爽:差错。经过多次试验都没有差错。

误用:他一连几次都没考好,真是屡试不爽,因而心情十分沉重。(与"没有考好"矛盾。)

59.门可罗雀　门前可以张网捕雀,形容门庭冷落,宾客稀少。

误用:可是好运不长,餐馆逐渐由门可罗雀到无人问津,终于关门大吉。

60.南辕北辙　比喻行动和目的相反。

误用:今天还有不少教师通过给学生留大量的作业以达到取得高分的目的,显然与素质教育南辕北辙。

61.披肝沥胆　披,披露;沥,往下滴。比喻开诚相见,也形容极尽忠诚。

误用:目前,全国公安系统展开了一场轰轰烈烈的"打拐"斗争,令犯罪分子披肝沥胆,闻风而逃。(句中应为"胆战心惊"。)

62.七手八脚　形容好几个人一起动手,也指人手多,干活忙乱的样子。

误用:集合的号声已经响了,他还在七手八脚地收拾着行李。

63.期期艾艾　形容口吃的人吐词重复,说话不流利。

误用:愿一切生命不致因飘落在缝间而期期艾艾。(应用"自怨自艾",原意是悔恨自己的错误,自己改正。现在只指悔恨自己的错误。)

64. **起死回生** 把将要死的人医活,形容医术高明。不用于病人。

误用:一个月后他的病逐渐好起来,这是他第四次起死回生了。(可改为"死而复生"。)

65. **巧夺天工** 人工的精巧胜过自然。

误用:山上的石头奇形怪状,有的像猴子嬉戏,有的像双龙衔珠,有的似莲花盛开……真是巧夺天工。(应用"鬼斧神工",形容自然造化的神奇,也可形容艺术技巧高超,不是人力所能达到的。)

66. **琴瑟失调** 比喻夫妇不和。

误用:外援和主教练在转会费和出场费等问题上意见不合,终于琴瑟失调,不得不分手。

67. **求全责备** 责,要求;备,全。对人对事要求完美无缺。

误用:有的人生前尽量为自己树碑立传,文过饰非,很少像秋白同志这样坦荡无私,光明磊落,求全责备自己。(句中把"责备"误解为批评指责。)

68. **趋之若鹜** 像鸭子一样成群地争先恐后

地跑去。贬义。多比喻许多人争着去追逐不好的事物。

误用:齐白石画展在美术馆开幕了,国画研究院的画家竞相观摩,艺术爱好者也趋之若鹜。

69. **忍俊不禁**　忍俊,含笑;不禁,不能自制。忍不住要发笑。

误用:看到他这种滑稽的表情,坐在身旁的一名外国记者忍俊不禁扑哧一声笑起来。

70. **身无长(cháng)物**　没有多余的东西。形容穷困或俭朴。

误用:近年很多名牌大学毕业生,除了书本知识外便身无长物,被认为缺乏一技之长而在现代职场中难以立足。

71. **十室九空**　室,人家。十家人家,九家空虚。形容因灾荒、战乱和横征暴敛致使百姓破产或流亡的惨象。

误用:目前,全国空置房的总量已逾8000万平方米,国家已下决心从海南开始清理数千亿银行占用资金。在这种形势下,面对十室九空的楼盘,该董事会无奈决定低价拍卖空关近5年的50套商品房。

72. **是可忍孰不可忍**　指对人的重大罪行不可容忍,极度愤慨。

误用:今夏洪水肆虐,淹没无数的城镇和大片的良田,是可忍孰不可忍,我们必须精诚团结,战胜洪魔。

73. 通宵达旦 通宵,通夜、整夜。一直到天亮。

误用:他站在门口微笑着说:"李师傅,你这样几天几夜通宵达旦地忙活,可要注意身体啊!"

74. 玩火自焚 比喻干冒险或害人的勾当,最后受害的还是自己。

误用:环境污染日趋严重,人类这种玩火自焚的行为如不停止,将自毁生存空间。(可用"作茧自缚"。)

75. 万籁俱寂 万籁:自然界万物放出的各种声响。形容周围环境十分宁静。

误用:号声一响,一连长一声"立正",如潮似浪、热火朝天的操场,顿时万籁俱寂。

76. 万人空巷 空巷,指街、巷的居民都走出来了。形容盛大集会或新奇事物轰动一时的情景。

误用:这部精彩的电视剧播出时,几乎万人空巷,人们在家里守着荧屏,街上显得静悄悄的。

77. 文不加点 点,涂改。文章一气呵成,无需修改。

误用：只见他奋笔疾书，一气呵成，不消片刻，一篇佳作便展现在大家面前。只是文不加点，难以断句，不能不说是白璧微瑕。（句中误为不加标点。）

78. 无可厚非　没有可以过分指责非议的。用于有一定小问题的人或事。

误用：这部小说的构思又精巧又严密，真是无可厚非。（可改为"无懈可击"。）

79. 无隙可乘　隙，裂缝，空子。没有空子可钻。

误用：这部 60 万字的长篇小说，构思精巧，叙述严密，简直无隙可乘。（可用"无懈可击"：没有一点弱点可以让人攻击。形容十分严密，找不到一点漏洞，没有一点破绽让人攻击。）

80. 舞文弄墨　形容玩弄文字技巧。多用于贬义。

误用：他本来就喜欢舞文弄墨，再加上这两年的苦练，如今成了闻名的"笔杆子"。

81. 下里巴人　本指古代楚国通俗歌曲，后泛指通俗的文学艺术。

误用：白居易在地方为官时很注意接近民众，

不管是乡间农妇还是下里巴人,他都谈得来,从他们那里得到了很多创作素材。

82. 莘莘学子　莘莘,众多的样子。众多的学子。

误用:那是一张两人的合影,左边是一位英俊的解放军战士,右边是一位文弱的莘莘学子。

83. 信笔涂鸦　信,听凭,随意;涂鸦,比喻字写得很拙劣,随便乱涂乱画。贬义。

误用:在"纪念周恩来诞辰一百周年"大会期间,著名画家石坚先生即席作画,他信笔涂鸦,似有神功,在三勾两画之中,一只展翅高飞的雄鹰便跃然纸上。

84. 胸有成竹　比喻处理事情心里先有主意,有成算。

误用:下乡前两天,党委又组织参加扶贫的干部认真学习了有关文件,使大家进一步明确政策,做到胸有成竹。

85. 休戚相关　休,喜;戚,悲伤,不幸。彼此之间的忧喜、祸福都互相关联。形容彼此利害一致。一般用于人与人或人与集体之间,而不用于事物。

误用:二十年的经历告诉我们,这场改革与我们国家的前途、民族的命运是休戚相关的。

86. **休养生息**　生息，人口繁殖。指在战乱之后，减轻人民负担，安定生活，发展生产，恢复元气。

误用：刚刚打完这场比赛，队员们又赶往下一个赛场，有人趁乘车时间小憩一会儿，以休养生息。

87. **言不由衷**　衷，内心。说的话没有通过内心。形容虚伪敷衍，说的不是真心话。

误用：我这人心直口快，刚才对你说的话也是想到就说，言不由衷，请你千万不要介意。（与"心直口快"等矛盾。）

88. **言近旨远**　旨，含义。话说得浅近，含义很深远。褒义。

误用：说话写文章，第一要简明扼要，做到有的放矢；第二要朴素、自然，防止言近旨远。

89. **一团和气**　态度温和，没有原则。贬义。

误用：这个医疗小分队，每到一处，跟当地群众都是一团和气，不摆架子。

90. **义不容辞**　道义上不允许推辞。

误用：教育孩子不仅仅是学校的事，家长也有义不容辞的责任。（应用"责无旁贷"，自己的责任，不能推卸给别人。）

91. 饮鸩止渴　鸩:浸过鸩鸟羽毛的毒酒。喝毒酒解渴,比喻只图解决眼前困难而不顾后患。

误用:如果我们把缺点、错误掩盖起来,装作看不见,那无异于饮鸩止渴。(句中"把缺点、错误掩盖起来",无解决眼前困难的意思。)

92. 鱼目混珠　比喻拿假的东西冒充真的。

误用:这些打着私营企业家旗号的人,也是鱼目混珠,其中有真正想干一番事业的,也不乏骗子。(应用"鱼龙混杂",比喻好人和坏人混杂在一起。)

93. 与人为善　与,和,跟。跟人一同做好事。现在泛指善意帮助人。

误用:文明礼貌,和气待人,这种与人为善的美德,不仅商业活动中需要提倡,其他行业活动中也应该提倡。

94. 曾几何时　才有多少时候。指时间过去没有多久。不能误为"曾经"。

误用:今天的野狼峪,沟壑纵横,曾几何时,就将"天堑变通途"。

95. 振聋发聩　聩,耳聋。发出很大的声响,使耳聋的人也能听见。比喻言论能使糊涂麻木的人清醒。

误用:今天,天津体育馆内万余名观众的掌声经久不息,振聋发聩,淹没了馆外的惊雷。

96. **炙手可热** 炙,烤,烧。手一接触就感觉到热得烫人,比喻气焰盛,权势大。

误用:家用电器降价刺激了市民消费欲的增长,原本趋于滞销的彩电,现在一下子成了炙手可热的商品。

97. **置之度外** 不(把生死、利害等)放在心上。多指执着追求而不考虑过多。

误用:有的领导干部经不住奢华生活方式的诱惑,生活腐化,把人民的期望置之度外。

98. **捉襟见肘** 捉襟,整顿衣襟;见,同"现",露出来。整一下衣襟,胳膊肘就露出来了。比喻顾此失彼,无法应付。

误用:运动会上,他的一身衣服很不合身,真是捉襟见肘。

99. **罪不容诛** 罪大恶极,处死都不能抵偿。

误用:他多次小偷小摸,罪不容诛,但公安机关最终释放了他。

100. **左右逢源** 比喻做事得心应手,怎样进行都很顺利。也比喻办事圆滑。

误用:谈起电脑、互联网,这个孩子竟然说得头头是道,左右逢源,使在场的专家也惊叹不已。

近义成语辨析 100 例

1. ① 爱憎分明　② 泾渭分明

同:有"界限清楚"的意思。

异:①专指思想感情上的爱与恨;②多指人或事的好坏分得很清楚。

2. ① 安分守己　② 循规蹈矩

同:有"规矩老实"的意思。

异:①偏重守本分,不胡来;②偏重拘泥成规,不敢改变。

3. ① 安之若素　② 随遇而安

同:有"对任何遭遇都不在意"的意思。

异:①多指处于困境,仍能跟往常一样;②强调能适应任何环境。

4. ① 按部就班　② 循序渐进

同:有"遵循一定程序"的意思。

异:①强调按一定步骤和规矩;②强调逐渐深入或提高。

5. ① 暗箭伤人　② 含沙射影

同:比喻暗中诽谤、攻击或陷害别人。

异:①使用范围包括语言、行动,程度较后者重;②使用范围只包括语言,并有影射某人、某事的意思。

6. ① 八面玲珑　② 面面俱到

同:有"对各方面应付得很周到"的意思。

异:①多含贬义,偏重处事手腕圆滑;②中性词,偏重应付得十分周到。

7. ① 半斤八两　② 势均力敌

同:彼此一样,不分上下。

异:①强调水平相等,多含贬义;②偏重力量相等。

8. ① 抱残守缺　② 敝帚自珍

同:有"守着旧东西"的意思。

异:①贬义词,形容思想守旧,不肯接受新鲜事物;②褒义词,谦辞,比喻自己的东西虽不好,可是自己珍视。

9. ① 本末倒置　② 舍本逐末

同:有"主次关系处理不当"的意思。

异:①强调把主次关系颠倒了;②偏重舍弃主要的,追求次要的。

10. ① 别具一格　② 别开生面

同:给人以新的印象、新的感觉。

异:①偏重"格",表示风格、样子与众不同,多用于文学创作和某些事物;②偏重"生面",表示新的局面或形式。

11. ① 病入膏肓　② 不可救药

同:表示病情严重,无法医治。

异:①偏重"病重",病情严重到了无法医治的地步。比喻事情严重到了不可挽救的程度。②偏重"救药",强调无药可救。比喻人或事物坏到无法挽救的地步。

12. ① 博闻强识　② 见多识广

同:有"见识广"的意思。

异:①偏重见闻广博、知识面宽、记忆力强,只用于书面语;②偏重阅历深,经验丰富,多用于口语。

13. ① 捕风捉影　② 无中生有

同:有"凭空捏造"的意思。

异:①偏重没有事实依据;②偏重本来没有,语气较重。

14. ① 不刊之论　② 不易之论

同:有"不能改变"的意思。

异:①强调不可磨灭,不可更改;②偏重论断正确,不可改变。

15. ① 不堪设想　② 不可思议

同:指不能想象。

异：①适用于严重的、不良的后果；②一般适用于奇妙的、深奥的、不可理解的事情或道理。

16. ① 不求甚解　② 囫囵吞枣

同：有掌握知识不透彻，或对情况不够了解的意思。

异：①表示想懂个大概，不求彻底了解，偏重在态度上，是中性词；②多指在学术上食而不化，不加分析思考地笼统接受，偏重在方法上，是贬义词。

17. ① 不闻不问　② 漠不关心

同：有"冷漠、不关心"的意思。

异：①偏重行动；②偏重态度。

18. ① 陈词滥调　② 老生常谈

同：指讲惯听厌了的。

异：①谈的内容既陈旧又空泛(滥：空泛，不合实际)，含贬义；②谈的虽然是老话，但不一定没有现实意义，属中性词。

19. ① 出尔反尔　② 反复无常

同：经常变卦。

异：①偏重语言上前后矛盾；②偏重表现上变化无常。

20. ① 出神入化　② 炉火纯青

同:指达到的境界很高。

异:①形容技艺高超、神妙;②还可用于学术、修养方面。

21. ① 处心积虑　② 殚精竭虑

同:有"费尽心思"的意思。

异:①强调蓄谋已久,含贬义;②强调用尽精力,费尽心思,偏褒义。

22. ① 唇齿相依　② 唇亡齿寒

同:比喻关系密切,互相依存。

异:①强调相互依存;②强调利害相关,一方遭难,另一方也跟着遭难。

23. ① 大庭广众　② 众目睽睽

同:表示有许多人的场合。

异:①指聚集了很多人的公开场合;②指很多人注目的场合(睽睽:睁大眼睛注视的样子)。

24. ① 大张旗鼓　② 雷厉风行

同:有"公开做事,声势浩大"的意思。

异:①强调声势和规模很大;②形容执行政策法令等严格而迅速,也强调声势大而行动快。

25. ① 顶礼膜拜　② 五体投地

同:表示崇拜之意。

异:①偏重崇拜;②偏重敬佩。

26. ① 咄咄逼人　② 盛气凌人

同:形容气势汹汹,使人难堪。

异:①应用范围广,不限于人,还可用于气势、形势、命令等;②只用于人,并含有傲慢自大的意思。

27. ① 阿谀奉承　② 趋炎附势

同:比喻奉承、依附有权势的人。

异:①偏重"阿谀",用好听的话讨好人;②偏重"趋炎",迎合权势(炎、势:指权势)。

28. ① 耳濡目染　② 潜移默化

同:有"不知不觉受到影响"的意思。

异:①所说的对象只是耳朵听到的、眼睛看到的;②主要是思想或性格方面起了变化。

29. ① 防患未然　② 未雨绸缪

同:表示事前做好准备。

异:①偏重预防;②偏重准备。

30. ① 匪夷所思　② 不可思议

同:有"不可理解"的意思。

异:①指言谈行动超出常情,不是一般人所能想象的;②指难以想象,不能理解。

31. ① 风言风语　② 流言蜚语

同:表示没有根据的话。

异:①多指无意传说,传说者多出于无知、怀疑和猜测;②多指有意传说,传说者往往出于险恶用心。

32. ① 锋芒毕露　② 崭露头角

同:有"才能显露出来"的意思。

异:①指锐气和才干全部表现出来,还可比喻骄傲自负;②比喻突出地显露出才能和本领,不含骄傲自负之意。

33. ① 浮光掠影　② 走马观花

同:表示印象不深。

异:①比喻事物留下的印象不深;②多指观察事物不仔细。

34. ① 改邪归正　② 弃暗投明

同:从坏的方面转向好的方面。

异:①偏重不再做坏事;②偏重在政治上脱离黑暗势力,投向进步势力。

35. ① 苟且偷生　② 得过且过

同:形容只图眼前,不顾将来。

异:①偏重贪图眼前的安逸;②偏重胸无大志,工作马虎,不负责任。

36. ① 狗尾续貂　② 画蛇添足

同:有"所做事情不当"的意思。

异:①指拿不好的东西续在好的东西后面,显得好坏不相称,多指文学作品;②比喻做多余的事,反而不恰当。

37. ① 孤注一掷 ② 破釜沉舟

同:有"最后拼一下以求胜利"的意思。

异:①偏重尽所有力量作最后一次冒险;②偏重下决心决一胜负,含褒义。

38. ① 故步自封 ② 墨守成规

同:因循守旧,不求进步或革新,都含贬义。

异:①偏重不求上进;②偏重固执守旧,不肯改进。

39. ① 光明磊落 ② 光明正大

同:心地光明的意思,用于人及其言行。

异:①偏重人的精神品质,指襟怀坦荡,没有私心;②指人的行为正当、正派。

40. ① 骇人听闻 ② 耸人听闻

同:有"使人吃惊"的意思。

异:①结果使人吃惊害怕;②指故意说夸大或惊奇的话,使人震惊。

41. ① 含糊其词 ② 闪烁其词

同:有"说话不清楚、不明确"的意思。

异:①偏重说得含糊不清;②偏重说话故意遮

遮掩掩、躲躲闪闪,不肯说出事情的真相和要害。

42. ① 花天酒地　② 醉生梦死

同:形容腐朽糜烂的享乐生活。

异:①偏重迷恋酒色;②偏重浑浑噩噩、糊里糊涂地生活。

43. ① 画饼充饥　② 望梅止渴

同:比喻用空想来安慰自己,常可以通用。

异:①有"画饼"的行动;②只表示"空等""空望"。

44. ① 涣然冰释　② 烟消云散

同:有"消失"的意思。

异:①指消除嫌疑或误解;②指消除情绪或思想。

45. ① 挥金如土　② 一掷千金

同:形容极度挥霍。

异:①偏重对钱财的轻视;②偏重一次花钱之多。

46. ① 疾恶如仇　② 深恶痛绝

同:有"厌恶、憎恨"的意思。

异:①如仇,如同仇敌;痛恨坏人坏事像痛恨仇敌一样;②厌恶、憎恨到了极点,语意较重。

47. ① 见利忘义　② 利令智昏

同:表示为私利而做坏事。

异:①忘义,不顾道义;②智昏,头脑发昏。

48. ① 洁白无瑕 ② 完美无缺

同:指没有一丁点缺点和错误。

异:①适用于人和物,不适用于事情;②多指人和事。

49. ① 洁身自好 ② 明哲保身

同:指怕招惹是非。

异:①用作褒义时,偏重不与世俗同流合污;用作贬义时,多指怕惹是非,只顾自己好,不关心公众事情。②用作褒义时,偏重处世待人十分明智;用作贬义时,多指怕犯错误或怕得罪人。

50. ① 空前绝后 ② 凤毛麟角

同:有"稀少、少有"的意思。

异:①指以前没有过,以后也不会有;②比喻稀少且可贵的人或事物。

51. ① 口蜜腹剑 ② 笑里藏刀

同:形容阴险狡诈。

异:①偏重嘴甜;②偏重外表和气。

52. ① 历历在目 ② 记忆犹新

同:表示清楚地记得往事。

异:①偏重过去情景的再现;②偏重记忆像新

的一样。

53. ① 恋恋不舍　② 流连忘返

同:有"舍不得离开"的意思。

异:①语意范围广,指对一切人、景物等的留恋;②偏重对景物的留恋。

54. ① 两全其美　② 一举两得

同:做一件事情在两方面有好处。

异:①指做一件事情,顾及两个方面,使两方面都很好(做事情之前就考虑到了);②指做一件事情,得到两种收获(注意说的是"收获")。

55. ① 另眼相看　② 刮目相看

同:都指在看待对方上发生了变化。

异:①强调用另一种眼光,表示特别重视;②强调用新的眼光来看待,表示跟过去不一样。

56. ① 六神无主　② 心惊肉跳

同:形容惊惧不安。

异:①偏重心情慌乱,不知怎么办才好;②偏重心神不宁、不安,害怕不好的事临头。

57. ① 美不胜收　② 琳琅满目

同:形容美好的事物很多。

异:①偏重来不及看,来不及一一欣赏;②偏重满眼都是。

58. ① 莫衷一是　② 无所适从

同:有"不知道"的意思。

异:①指不能判断哪个是对的,形容意见有分歧,不能得出一致的结论;②指不知道跟从谁好,形容不知怎么办才好。

59. ① 秣马厉兵　② 严阵以待

同:有"做好战斗准备"的意思。

异:①偏重人员的行动;②偏重整个军队排好阵势,等待敌人的来临。

60. ① 目光如豆　② 鼠目寸光

同:比喻目光短浅,看不到远处、大处。

异:①偏重眼光小,强调看不到全局;②偏重眼光近,看不到将来。

61. ① 恰到好处　② 恰如其分

同:表示说话、做事达到适当的程度,可通用。

异:①偏重恰巧达到最好的地步;②偏重正合分寸。

62. ① 轻车熟路　② 得心应手

同:有"做起来容易"的意思。

异:①侧重对情况熟悉;②侧重行动上运用自如。

63. ① 丧尽天良　② 丧心病狂

同:有"心肠坏、做事凶狠"的意思。

异:①偏重心肠坏;②偏重言行荒谬、凶狠残忍。

64. ① 殊途同归　② 异曲同工

同:有"用不同的方法,得到同样的结果"的意思。

异:①通过不同的道路,走到同一个目的地,比喻采取不同的方法而得到相同的结果,不强调结果的好坏;②不同的曲调演得同样好,比喻不同的人的辞章或言论同样精彩,或者不同的做法收到同样好的效果,偏重于收到好的效果。

65. ① 谈笑风生　② 谈笑自若

同:有"谈话时有说有笑"的意思。

异:①强调谈话时兴致勃勃,气氛活跃,多指平时说话;②强调不变常态,多用于紧张、情势严重时的讲话。

66. ① 外强中干　② 色厉内荏

同:有"表面看起来厉害,内在其实不是这样"的意思,贬义词。

异:①指外表看起来很强大,实际上很空虚,可以形容人的体质、经济能力或国家实力等,适用范围较广;②指外表强硬而内心怯懦,多用于形容人的态度。

67.　① 妄自尊大　② 夜郎自大

同：有"骄傲自大"的意思。

异：①偏重狂妄；②偏重无知。

68.　① 望风而逃　② 闻风丧胆

同：有"听到一点风声就害怕"的意思。

异：①偏重吓得连忙逃跑；②偏重吓破了胆，丧失了勇气。

69.　① 无微不至　② 无所不至

同：有"没有一处不到"的意思。

异：①形容待人处世细致周到，体贴入微，含褒义；②除了"没有达不到的地方"之外，还可指什么事都干得出来，多含贬义。

70.　① 瑕不掩瑜　② 瑕瑜互见

同：表示同时具有优点和缺点。

异：①表示缺点遮不住优点；②表示有优点也有缺点，没有主次之分。

71.　① 休戚与共　② 休戚相关

同：有"利害一致"的意思。

异：①形容彼此共同承受幸福与灾祸，有同甘共苦的意思；②形容彼此间祸福相互关联，关系密切，但无"同甘共苦"的意思。

72. ① 徇私舞弊　② 营私舞弊

同:指为私利而玩弄手段,干违法乱纪的事。

异:①指为了私情,照顾私人关系而舞弊;②指为自己谋求私利而舞弊。

73. ① 洋洋洒洒　② 纷纷扬扬

同:形容多而连续不断的状态。

异:①多形容文章或谈话内容丰富,连续不断;②一般用来形容雪、花、叶等具体事物飘洒的样子。

74. ① 咬文嚼字　② 字斟句酌

同:有"重视字句"的意思。

异:①形容过分地斟酌字句,多指死抠字眼儿而不注重实质内容,略带贬义;②指对字句反复推敲琢磨,多用于称赞人讲话或写文章时在语言上认真推敲,也可以用于形容读文章时对语言的仔细品味。

75. ① 一笔勾销　② 一笔抹杀

同:有"全部销去"的意思。

异:①勾销,全部取消,不再计较;②抹杀,涂抹掉,表示全盘否定,多指优点、成绩等被轻率地全盘否定。

76. ① 义不容辞　② 责无旁贷

同:有"应当承担、不能推辞"的意思。

异:①偏重道义上不允许推辞;②偏重责任上不可推卸(贷:推卸)。

77. ① 置若罔闻 ② 熟视无睹

同:表示"不重视,不关心"。

异:①是说放在一边不管,好像没听见一样,不重视,不在乎;②是说虽然经常看见,但跟没看见一样,强调的是看,对于应关心的事物漠不关心。

78. ① 跋山涉水 ② 风尘仆仆 ③ 风餐露宿

同:有"旅途辛苦"的意思。

异:①重在强调远行艰辛;②重在强调长途奔波劳累;③重在强调野外食宿艰难。

79. ① 趁火打劫 ② 浑水摸鱼 ③顺手牵羊

同:有"趁机拿走东西"的意思。

异:①强调趁紧张危急的时候侵犯别人的权益;②强调趁混乱的时机捞取利益;③强调顺便拿走人家的东西。

80. ① 承前启后 ② 承上启下 ③ 继往开来

同:有"接上启下"的意思。

异：①继承前代的并启发后代的,多用于学问、事业等方面;②接续上面的并引起下面的,多用于写作等方面;③多用于继承事业,开辟道路。

81. ① 洞若观火　② 了如指掌　③ 明察秋毫

同:有"对事物非常清楚"的意思。

异：①强调观察认识事物透彻、深刻;②强调对情况非常清楚;③强调对事物观察敏锐、细致,任何小问题都看得很清楚。

82. ① 独断专行　② 专横跋扈　③ 一意孤行

同:有"不考虑别人意见,办事主观蛮干"的意思。

异：①强调专断、霸道,语意较重;②现多强调任意妄为,不讲理;③不听劝告,固执地照自己的意思行事,语意较轻。

83. ① 耳濡目染　② 耳闻目睹　③ 耳熟能详

同:有"耳朵听到"的意思。

异：①形容听得多、见得多了之后,无形之中受到影响,强调听、见的结果;②强调亲耳听见,亲眼看见;③听的次数多了,也就能详尽地说出来,只有听,没有看。

84. ① 功亏一篑　② 功败垂成　③ 前功尽弃

同:有"没有成功"的意思。

异:①比喻一件大事只差最后一点人力物力而不能成功,含有惋惜之意;②强调快要成功的时候遭到失败,含惋惜之意;③强调以前的努力完全白费。

85. ① 钩心斗角　② 明争暗斗　③ 尔虞我诈

同:有"争斗"的意思。

异:①强调各用心机,互相排挤;②强调明里暗里都在进行争斗;③强调彼此猜疑,互相欺骗。

86. ① 绘声绘色　② 惟妙惟肖　③ 栩栩如生

同:有"生动逼真,很像"的意思。

异:①强调叙述、描写生动逼真;②强调形似,模仿得像真的一样;③强调艺术形象非常逼真,如同活的一样。

87. ① 匠心独运　② 巧夺天工　③ 鬼斧神工

同:有"技艺高超、精巧"的意思。

异:①强调在文学、艺术等方面独创性地运用巧妙的心思;②强调精巧的人工胜过天然;③像是鬼神制作出来的。形容自然造化的神奇,也可形容建筑、雕塑等技艺的精巧高超。

88. ① 牢不可破　② 颠扑不破　③ 坚不可摧

同:有"牢固不可摧毁"的意思。

异:①强调坚固得不可摧毁,多指抽象事物,如友谊;②强调永远不会被推翻,多指理论、道理等;③强调非常坚固,摧毁不了,多用于意志、精神等。

89. ① 呕心沥血　② 处心积虑　③ 挖空心思

同:有"用尽心思"的意思。

异:①为褒义词,形容费尽心血;②为贬义词,千方百计地盘算;③多含贬义,形容费尽心计。

90. ① 锲而不舍　② 旷日持久　③ 持之以恒

同:有"用时很长"的意思。

异:①强调做事情能坚持到底,也形容有恒心,有毅力;②强调多费时日,拖得很久;③强调长久地坚持下去。

91. ① 煞费苦心　② 惨淡经营　③ 殚精竭虑

同：有"费尽心思做事"的意思。

异：①强调费尽心思，带有目的性；②原意指苦心构思，后来强调在困境中艰苦地从事某种事业；③强调用尽精力，指一种状态。

92. ① 拭目以待　② 指日可待　③ 倚马可待

同：有"可以等待"的意思。

异：①形容殷切期望或密切关注事态的动向及结果；②强调为期不远，(事情、希望等)不久就可以实现；③形容文思敏捷，文章写得快。

93. ① 深谋远虑　② 深思熟虑　③ 老谋深算

同：有"深入、周密考虑"的意思。

异：①强调周密地计划，往长远里考虑；②强调深入细致地考虑；③多形容人办事精明老练。

94. ① 束手无策　② 无能为力　③ 手足无措

同：有"没有办法"的意思。

异：①强调没有任何解决的办法；②强调没有能力或能力达不到；③强调举动慌乱或没有办法

应付。

95. ① 望洋兴叹　② 望其项背　③ 望尘莫及

同：有"望到"的意思。

异：①强调因力不胜任或没有条件而感到无可奈何；②赶得上或比得上，多用于否定式；③强调远远落在后面。

96. ① 一诺千金　② 一言九鼎　③ 一字千金

同：有"话少但分量重、价值高"的意思。

异：①强调说话算数，所许诺言信实可靠；②强调所说的话分量很重，作用很大；③用来称赞诗文精妙，价值极高，也指书法作品的珍贵。

97. ① 一视同仁　② 等量齐观　③ 相提并论

同：有"同样看待"的意思。

异：①意为同样看待，不分亲疏厚薄，多指人；②意为不管事物间的差异，同等看待，多指物；③意为把不同的人或事物混在一起来谈论或看待。

98. ① 以身作则　② 身体力行　③ 身先士卒

同:有"亲自去做"的意思。

异:①偏重用自己的行动做榜样;②偏重亲自体验,努力实行;③偏重职位高的人首先走在前面,带头去做。

99. ① 犹豫不决　② 举棋不定　③ 畏首畏尾

同:有"迟疑、犹豫,拿不定主意"的意思。

异:①强调下不了决心;②比喻临事拿不定主意;③形容怕这怕那,疑虑过多。

100. ① 作茧自缚　② 自食其果　③ 玩火自焚

同:有"做了某事结果使自己受害"的意思。

异:①比喻做了某事,结果反而使自己受困;②指做了坏事,结果害了自己,自作自受;③比喻干冒险或害人的勾当,最终受害的还是自己,语意较重。

二、句　法

（一）单　句

·知识简说·

1. 单句的概念

根据内部结构的不同,句子可分为单句和复句。其中,单句是由短语或词充当的、有特定的语调、能独立表达一个相对完整的意思的语言单位。单句可以根据不同的标准来划句型和句类。

和复句相比,单句一般只有一套句子成分,往往只有一个主谓结构。例如:

这对于一班见异思迁的人,对于一班鄙薄技术工作以为不足道、以为无出路的人,也是一个极好的教训。

这是单句,句子主干是:这是教训。

这种桥不但形式优美,而且结构坚固。

这是复句,表递进。

2. 单句的成分

单句的成分有六种,包括主干成分主语、谓语、宾语和枝叶成分定语、状语、补语。

为了便于划分,它们有一套约定俗成的符号:

① 主语,双行线＝＝。

② 谓语,单行线——。

主语和谓语之间用双竖线‖隔开。

③ 宾语,波浪线～～～。

④ 定语,小括号( )。

⑤ 状语,中括号[ ]。

⑥ 补语,单书名号〈 〉。

在一个完整的、典型的句子中,各种成分之间的关系、顺序一般是:

(多愁善感) 的 邱天同学 ‖ [居然] 喜欢
(定语) (主语) (状语) (谓语)
〈上了〉(豪放派诗人苏轼)的 词章 。
(补语) (定语) (宾语)

(1) 主语。主语是句子中的陈述对象,说明是谁或什么,经常由名词、代词、数词、名词性短语充当。例如:

他肥胖的身子向左微倾。(朱自清《背影》)

(2) 谓语。用来说明陈述主语,经常由动词、形容词充当,一般表示主语“怎么样”或“是什么”。例如:

他又蹬蹬蹬地自个向前走了。(茹志鹃《百合花》)

（3）宾语。表示谓语动词的涉及对象的语言单位，经常由名词、代词、名词性短语充当，一般表示谓语"怎么样"或"是什么"。能愿动词，如"希望、想、可以"等词后面的一般都作宾语处理。例如：

野菱角开着四瓣的小白花。（汪曾祺《受戒》）

（4）定语。用在主语和宾语前面，起修饰和限制作用的语言单位。经常由名词、形容词、动词、代词充当，一般定语与中心词之间有"的"字连接。例如：

（松散）、（柔软）的荒草抚弄着（她）的裤脚。（铁凝《哦，香雪》）

（5）状语。一般用在动词、形容词谓语前，起修饰和限制作用的语言单位，经常由副词、形容词、动词、表示处所及时间的名词和方位词充当，一般状语与中心词之间有"地"字连接。例如：

她[分明][已经][纯乎]是一个乞丐了。（鲁迅《祝福》）

他一个人[呆呆]地坐在禾场边上。（路遥《平凡的世界》）

（6）补语。谓语后面的附加成分，对谓语起补充说明作用，回答"怎么样""多久""多少"（时间、

处所、结果)之类问题的语言单位,经常由动词、形容词、副词充当,一般补语与中心词之间有"得"字连接。例如:

在这讽刺般的笑声中,我头一次感到自己傻得〈可怜〉。

3. 六种句子成分位置的简单口诀

主谓宾、定状补,主干枝叶分清楚;

基本成分主谓宾,附加成分定状补;

定语必居主宾前,谓前为状谓后补;

"的"定"地"状"得"后补,结构助词分清楚。

4. 陈述句、疑问句、祈使句、感叹句

·知识简说·

句子根据语气可以分为四种类型,即陈述句、疑问句、祈使句和感叹句。

【陈述句】叙述或说明事实、带有陈述语气的句子叫陈述句。它可带的语气词有"了、的、嘛、呢、罢了、啊"等。有肯定和否定两种形式。例如:

他会去的。

他不会去的。

【疑问句】提出问题、具有疑问语气的句子叫疑问句,句末用问号。疑问句根据提问的手段和语义情况,可以分为四类:是非问、特指问、选择问、正反问。

(1) 是非问。只对整个命题作肯定或否定回答。例如:

中国最长的河流是长江吗?

(2) 特指问。用疑问代词(如"谁、什么、怎样"等)或由它组成的短语(如"为什么、什么事、做什么"等)来表明疑问点。例如:

孔门四教具体是指什么?

(3) 选择问。提出不止一种看法供对方选择。例如:

您是喝杜松子酒,还是威士忌酒,还是啤酒?

(4) 正反问。提出正反两项,希望对方从中选择一项回答,也可以说是一种特殊的选择问。例如:

你是不是也想去呢?

【祈使句】要求对方做或不要做某事、具有祈使语气的句子叫祈使句。它可分为两大类:一类是命令、禁止,一类是请求、劝阻。例如:

不得随地吐痰。

您还是请进里面休息一下吧。

【感叹句】带有浓厚的感情,具有感叹语气的句子叫感叹句。例如:

美丽的草原真让人陶醉!

5. 连谓句、兼语句

· 知识简说 ·

【连谓句】连谓短语充当谓语或独立成句的句子叫连谓句。连谓句中,往往两个谓词性成分相连,并且是同一个主语。例如:

余德利抬头发现李冬宝的目光很慌乱。

大家热烈鼓掌表示祝贺。

老爷爷拄着拐棍过马路。

这件事想起来心烦。

【兼语句】兼语短语充当谓语或独立成句的句子叫兼语句。通俗地说,一个结构里边有两个动词,第一个动词后边的宾语同时又是第二个动词的主语,这个同时有两种作用的成分叫兼语,这样的句子叫兼语句。例如:

地震和海啸令这个国家的经济倒退了十年。(使令式)

他埋怨我没给他办成这件事。(爱恨式)

村民选他当村长。(选定式)

小河岸上的煤屑路上有人在走。("有"字式)

(二) 复　句

·知识简说·

1. 复句的概念

复句是由两个或两个以上意义上相关、结构上互不作句法成分的分句加上贯通全句的句调构成的。复句前后有隔离性停顿,书面用句号、问号或叹号表示。复句的各分句间一般有句中停顿,书面上用逗号、分号或冒号表示。

2. 复句类型

根据分句间的意义关系划分,复句可以分为联合复句、偏正复句两大类。复句内各分句间意义上平等、无主从之分的叫联合复句;复句内各分句间意义上有主有从,也就是有正句、偏句之分的叫偏正复句,又叫主从复句。正句即主句,是句子的正意所在;偏句是从句,意义从属于正句。

复句的分类列表如下:

	分类	分句间关系	主要关联词语	例句
联合复句	并列复句	平列、对举	既……又…… 一方面……一方面……	绿既是美的标志，又是科学、富足的标志。
	顺承复句	先后相承	首先……然后……	只有几个赤膊的人翻，翻了一阵，都进去了，接着走出一个小旦来，咿咿呀呀的唱。
			便、就、又、再	
	解说复句	解释、总分	一般不用关联词语	① 纺线有几种姿势：可以坐着
联合复句	解说复句	解释、总分	一般不用关联词语	蒲团纺，可以坐着矮凳纺，也可以把纺车垫得高高的站着纺。 ② 一种是教条主义，一种是经验主义，两种都是主观主义。
	选择复句	选择	或者……或者…… 不是……就是…… 与其……毋宁……	在他们的内心深处，与其说盼望着回家，毋宁说更害怕回家。
	递进复句	意思更进一层	不但……而且……	这十多个少年，委实没有一个不会凫水的，而且两三个还是弄潮的好手。
偏正复句	条件复句	条件和结果	只要……就…… 只有……才……	平凡的工作只要和远大的理想结合起来，便会产生极大的乐趣。

续表

	分类	分句间关系	主要关联词语	例句
偏正复句	假设复句	假设和结果	如果……就……	我们若能这样追问,一切虚妄的学说便不攻自破了。
			即使……也……	
	因果复句	原因和结果	因为……所以……	真正有理想的人,必定珍惜一分一秒,因为每一瞬间的奋斗都关系着目标的实现。
			既然……那么……	
偏正复句	目的复句	行为和目的	以、以便、为的是	我在这里吃雪,正是为了我们祖国的人民不吃雪。
	转折复句	相反、相对	虽然……但是……	虽然我一见便知道是闰土,但又不是我这记忆上的闰土了。

(三) 常见病句类型举例

·知识简说·

　　所谓病句,是指不合规范的句子。所谓规范,一是要符合语法组合规则,二是要符合语义的搭配要求,三是要符合语用的表达习惯。寻找产生病句的原因,可能涉及语法、语义和语用多个层面。

句子的常见语病类型主要有六种:语序不当、搭配不当、成分残缺或者赘余、结构混乱、表意不明、不合逻辑。

1. 语序不当

(1) 定语和中心语错位。例如:

近年来,随着教育教学改革的不断深化,高校学生的培养深受社会广大用人单位的欢迎,就业率明显提高。

深受用人单位欢迎的应该是"高校培养的学生",而不是"高校学生的培养"。

(2) 定语、状语错位。例如:

夜深人静,想起今天一连串发生的事情,我怎么也睡不着。

"一连串"应该移到"事情"之前,作它的定语。

(3) 多层定语语序错位。例如:

多项定语的排列顺序一般是:①表示领属或时间、处所;②指称代词或数量词;③动词或动词性短语;④形容词或形容词性短语;⑤名词或名词性短语(带"的"的定语应放在不带"的"的定语之前)。

她是一位优秀的有20多年教学经验的国家队的篮球女教练。

正确次序应是:她是国家队的(领属性的)一位(数量)有20多年教学经验的(动词短语)优秀的(形容)篮球(名词)女教练。

(4) 多层状语语序不当。例如:

复杂状语的排列顺序一般是:①表目的或原因的介宾短语;②表时间的名词或介宾短语;③表处所的名词或介宾短语;④表范围、频率等的副词;⑤表情态的形容词;⑥表对象的介宾短语。

在休息室里许多老师昨天都同他热情地交谈。

正确次序应是:许多老师昨天(时间)在休息室里(处所)都(范围)热情地(情态)同他(对象)交谈。

(5) 虚词位置不当。例如:

最常见的是关联词语语序不当。两个分句主语相同时,关联词语在主语之后;主语不同时,关联词语在主语之前。

诚信教育已成为我国公民道德建设的重要内容,因为不仅诚信关系到国家的整体形象,而且体现了公民的基本道德素质。

后两个分句是同一个主语"诚信",因此关联词语"不仅"放在"诚信"后。

（6）关联词位置不当。例如：

由于技术水平太低，这些产品质量不是比沿海地区的同类产品低，就是成本比沿海的高。

两个分句陈述的对象分别为"这些产品质量""成本"，陈述的对象不同，也即主语不一致，那么关联词"不是"就应放在"质量"之前，这样语义才连贯。

（7）并列词语排列顺序不当。例如：

并列词语的各项，要注意其轻重、先后、大小的关系，否则容易出现错误。

一种观念只有被人们普遍接受、理解和掌握并转化为整个社会的群体意识，才能成为人们自觉遵守和奉行的准则。

按照认识事物的一般规律，应该是先理解，再接受，最后掌握。

2. 搭配不当

（1）主语和谓语搭配不当。例如：

虽然精彩绝伦的篮球总决赛已落下帷幕，但那跌宕起伏的过程、充满血性的身影、顽强拼搏的精神依然闪现在人们的脑海中，挥之不去。

此句中"那跌宕起伏的过程、充满血性的身影、顽强拼搏的精神"共用一个谓语动词"闪现"，但"跌宕起伏的过程""顽强拼搏的精神"与"闪现"不搭配。可以改成"但那跌宕起伏的过程依然印在人们的脑海里,充满血性的身影依然闪现在人们的脑海中,顽强拼搏的精神依然长存在人们的脑海中,挥之不去"。

(2)谓语和宾语搭配不当。例如:

经过几代航天人的艰苦奋斗,中国的航天事业开创了以"两弹一星"、载人航天、月球探测为代表的辉煌成就。

谓语"开创"与宾语"成就"搭配不当,应将"开创"改为"取得"。

(3)定语、状语、补语与中心语搭配不当。例如:

你知道每500克蜂蜜中包含蜜蜂的多少劳动吗?据科学家统计,蜜蜂每酿造500克蜜,大约要采集50万朵的花粉。

定语"50万朵"与中心词"花粉"搭配不当,可以改成"50万朵花的花粉"。

同学们把教室打扫得干干净净,整整齐齐。

谓语"打扫"与补语"干干净净,整整齐齐"中的"整整齐齐"不搭配。可以改成"同学们把教室打扫得干干净净,把桌椅摆放得整整齐齐"。

（4）主语和宾语不能搭配。例如：

京剧是中国独有的表演艺术，它的审美情趣和艺术品位，是中国文化的形象代言之一，是世界艺术之林的奇葩。

"它的审美情趣和艺术品位""是""奇葩"，分句间的主宾搭配不当。可以改成"京剧是中国独有的表演艺术，极具审美情趣和艺术品位，是中国文化的形象代言之一，是世界艺术之林的奇葩"。

（5）联合词组不能和某成分同时搭配。例如：

他积极支持这一建议，并召开常委会进行研究，统一安排了现场会的内容、时间和参观人员，以及会议中应该注意的问题。

"会议中应该注意的问题"与"安排"不搭配，可以改为"……统一安排了现场会的内容、时间和参观人员，并且提出了会议中应该注意的问题"。

（6）一面与两面搭配不当。例如：

面对突然发生的灾难，一个地方抗灾能力的强弱既取决于当地经济实力的雄厚，更取决于政府的应急机制和领导人的智慧。

一面对两面。前面"一个地方抗灾能力的强弱"，说的是两面，后面说的是"当地经济实力的雄厚"，只是一面。可以改成"面对突然发生的灾难,一个地方抗灾能力的强弱既取决于当地经济实力的厚薄,更取决于政府的应急机制和领导人的智慧"。

(7) 关联词语搭配不当。例如:

应用这种罗盘,无论在阴云密布以及早晚看不到太阳的时候,也不会迷失方向。

"无论"与"也"不搭配,应将"无论"改为"即使"。

3. 成分残缺或赘余

【成分残缺】

(1) 主语残缺。由于暗换主语或者滥用介词和"介词……方位词"的格式造成主语残缺。例如:

由于文人士大夫参与到印章的创作中,使这门从前主要由工匠传承的技艺,增加了人文意味。

"由于……中,使"造成主语缺失。可以把"由于"去掉。

(2) 谓语残缺。例如:

近年来,一批精良艺术品质和积极价值取向的文艺作品受到观众广泛认可,这充分证明过硬品质是新时代文艺实现文化引领的基本条件。

谓语残缺,"精良艺术品质"前应加"具有"。

(3) 宾语残缺。例如:

目前,无论是国内建筑界,还是一般的知识阶层和社会大众,人们对建筑批评似乎还是保持着一种漠然,建筑艺术远未如其他艺术那样,形成活跃而健康的批评氛围。

"保持"没有和它搭配的宾语,在"漠然"后加"的态度"。

(4) 附加成分残缺。例如:

科学工作者需要开阔的心胸,就是和自己学术观点不一样的同行也应坦诚相待,精诚合作。

成分残缺,在"和自己"前应该加介词"对"。

【成分赘余】

(1) 语意重复造成主语、谓语、宾语等成分重复。例如:

荞麦具有降低毛细血管脆性、改善微循环、增加免疫力的作用,可用于高血压、高血脂、冠心病、中风发作等疾病的辅助治疗。

"高血压……中风"这些疾病,如有症状,就是"发作"了,所以不必再有"发作",谓语赘余。

(2) 否定词赘余。例如:

艾滋病有性传播、血液传播、母婴传播等三大传播途径,我们需要采取紧急行动制止它的传播,否则不采取紧急行动,将会迅速蔓延,给人类健康带来巨大的威胁。

"否则"意为"如果不是这样",此句中,"否则"就是"不采取紧急措施"的意思,应删去"不采取紧急措施"。

(3) 关联词赘余。例如:

我这次考不好的原因是因为我没有按老师要求仔细审题。

去掉"原因"或者"因为我"。

(4) 介词赘余。例如:

娱乐明星们不雅的形象常常见诸于荧屏,这对于喜爱模仿的少年儿童是有负面影响的。

"诸"解释为"之于",因此句中的"于"字应去掉。

(5) 约数赘余。例如:

中国目前拥有网络文学写作者超过 200 多万人,每年有六七万部左右的作品被签约;全国网络文学用户达 1.94 亿,超过了电子商务用户。

"超过"与"多"语意重复,应删去其一;"左右"与"六七万部"都表示约数,应删去"左右"。

4. 结构混乱

(1) 句式杂糅。同一内容,往往可以采取不同的说法。如果说话、写作时拿不定主意,既想用这种说法,又想用那种说法,结果两种说法都用上了,糅到一起,形成两句混杂。

处理好人与自然的关系,要靠政府的力量,同时也不能不发挥民间力量在舆论动员,监督检查等方面起到无可替代的作用。

"发挥民间力量"与"民间力量……起到无可替代的作用"杂糅。可改为"同时也不能不发挥民间力量在舆论动员、监督检查等方面的无可替代的作用"或"同时民间力量在舆论动员、监督检查等方面也能发挥无可替代的作用"。

当上级宣布我们摄制组成立并交给我们任务的时候,我们大家有既光荣又愉快的感觉是颇难形容的。

"既光荣又愉快的感觉"是前一分句"有"的宾语,又是后一分句的主语,牵连在一起,形成杂糅。可以在"感觉"后加一个逗号,再在"是颇难形容的"前加上"这种感觉"四个字。

(2)中途易辙。中途易辙,意思是一件事还没做完就去做另一件事。"中途易辙"病句其特点往往是一句话说了一半,忽然另起炉灶,又去说另外一句。偷换主语等有可能造成"中途易辙",但是"中途易辙"和"偷换主语"的病句有相同之处,又有不同。"中途易辙"主要表现为主谓宾等结构上逻辑关系，"偷换主语"是前后主语不一致。例如：

① 冲突双方在民族仇恨的驱使下，虽然经过国际社会多次调解，紧张的局势不但没有得到缓和，反而愈演愈烈。

主语"冲突双方"没有陈述完整，主语又改换成"紧张的局势……"。可以改成"在民族仇恨的驱使下，冲突双方虽然经过国际社会多次调解，紧张的局势不但没有得到缓和，反而愈演愈烈"。

② 屠呦呦先生经过 40 多年的努力，青蒿素的研发、推广和应用终于走出了一条独具中国特色的产业化道路，为人类的生命健康事业作出了杰出贡献。

全句可改为"屠呦呦先生经过 40 多年的努力，终于让青蒿素的研发、推广和应用走出了一条独具中国特色的产业化道路，为人类的生命健康事业作出了杰出贡献"。

5. 表意不明

(1) 指代不明。例如：

曾记否，我与你认识的时候，还是个十来岁的少年，纯真无瑕，充满幻想。

"还是个十来岁的少年"指的是"我""你"还是

"我们",指代不清。

(2)对象不明。例如：

祁爱群看到组织部里新来的援藏干部很高兴,就亲切地同他交谈起来。

是"祁爱群""很高兴",还是"援藏干部""很高兴",不明确。

(3)词类不同造成歧义。例如：

他背着总经理和副总经理偷偷把钱分别存进了两家银行。

"和"做介词时,"和"连接的成分"副总经理"作状语,"背着"的是"总经理"一个人;"和"作连词时,"和"连接的成分"副总经理"作宾语,"背着"的是"总经理和副总经理"两人。这样,句子就有了歧义。

(4)断句不同,带来多种理解。例如：

县里的通知说,让赵乡长本月15日前去汇报。

"15日前去"既可以停顿成"15日前/去",也可以停顿成"15日/前去",不同停顿,造成歧义。

(5)修饰两可。例如：

今年4月23日,全国几十个报社的编辑记者来到国家图书馆,参观展览,聆听讲座,度过了一个很有意义的"世界阅读日"。

"全国几十个报社的编辑记者"可作两种理

解："全国/几十个报社/的编辑记者"；"全国/几十个/报社的编辑记者"。

6. 不合逻辑

(1) 不合事理。例如：

当前某些引起轰动的影视作品，也许在两年后，甚至五年以后就会被人遗忘得一干二净。

"甚至"表递进关系。"被人遗忘得一干二净"应该是"两年"比"五年"更进一层，所以应把"两年"与"五年"互换一下。

(2) 概念分类不合逻辑。种属概念不能并列，交叉关系概念不能并列，非同一范畴的概念不能并列。例如：

市教委要求，各学校学生公寓的生活用品和床上用品由学生自主选购，不得统一配备。

"生活用品"包括"床上用品"，二者不能并列。

(3) 否定不当。双重否定表肯定，三重否定表否定，反问语气相当于一次否定。例如：

睡眠三忌：一忌睡前不可恼怒，二忌睡前不可饱食，三忌卧处不可当风。

"忌"和"不可"构成双重否定，表意不当，应去掉三个"不可"。

(4) 表述前后矛盾。例如：

　　由北京人民艺术剧院复排的大型历史剧《蔡文姬》定于 5 月 1 日在首都剧场上演,日前正在紧张的排练之中。

　　"日前"即"前几天",表示时间已经过去。"正"表示正在进行,二者在时间上相互冲突。

　　(5) 主客颠倒。例如:

　　鸦片战争以来的中国近代史,对于大多数中学生是比较熟悉的,重大的历史事件都能说得一清二楚。

　　"鸦片战争以来的中国近代史,对于大多数中学生"主客颠倒,应改为"大多数中学生对于鸦片战争以来的中国近代史"。

　　(6) 强加因果。例如:

　　周谷城先生早年就投身于轰轰烈烈的五四运动,所以最终成为蜚声海内外的著名学者、历史学家。

　　投身五四运动和成为著名学者之间,并没有因果关系。另外,"学者、历史学家"因为有包含关系,不能并列。

修　辞

修辞也称"修辞格",是为提高语言表达效果而形成的各种修饰、加工语言的特定格式。简言之,就是透过修饰、调整语句,运用特定的表达形式以提高语言表达作用的方式或方法。语文中主要修辞手法有:比喻、拟人、夸张、比较、排比、对偶、反复、借代、比拟、互文、设问、引用、呼告、反问、顶真等。

一、修辞方法辨析

(一) 比喻与借代的区别

·知识简说·

1. 比喻

比喻是两种不同性质的事物,彼此有相似点,便用一事物来比方另一事物的一种修辞手法。比喻构成须满足以下两个条件：① 甲和乙必须是两种不同类的事物，否则不能构成比喻；② 甲、乙之间必须有相似点。

比喻主要有以下几种：

（1）明喻。本体、喻体都出现，中间用比喻词"像""似"等联结。常见形式：甲像乙。例如：

叶子出水很高，像亭亭的舞女的裙。（朱自清《荷塘月色》）

（2）暗喻。本体、喻体都出现，中间用比喻词"是""成了""变成"等联结。典型形式：甲是乙。例如：

广场上是雪白的花圈的海洋，纪念碑已堆成雪白的山冈。

（3）借喻。不出现本体和比喻词，直接用喻体代替本体。借喻的典型形式是甲代乙。例如：

夕阳映照下的西湖湖面上洒满了碎银，波光粼粼，熠熠生辉。

"碎银"是喻体，直接替代了没有出现的本体。

比喻的作用：① 化平淡为生动；② 化深奥为浅显；③ 化抽象为具体，等等。

2. 借代

借代是用相关的事物来代替所要表达的事物

的一种修辞手法。

借代主要有以下几种：

(1) 特征代本体。例如：

红眼睛原知道他家里只有一个老娘。（鲁迅《药》）

(2) 材料代本体。例如：

故木受绳则直，金就砺则利。（荀子《劝学》）

(3) 标志代本体。例如：

谁料竟会落在"三道头"之类的手里呢，这岂不冤枉！（鲁迅《为了忘却的记念》）

(4) 人名代著作。例如：

我们要多读点鲁迅。

(5) 绰号代本人。例如：

"芦柴棒，去烧火！"（夏衍《包身工》）

(6) 专名代泛称。例如：

一千个读者就有一千个哈姆莱特。

(7) 具体代抽象。例如：

不拿群众一针一线。

(8) 部分代整体。例如：

吟罢低眉无写处，月光如水照缁衣。（鲁迅《无题·惯于长夜过春时》）

借代的作用：可以引人联想，使表达产生形象突出、特点鲜明、具体生动的效果。

3. 借代与借喻的区别

(1) 借代的作用是"称代"，它只代不喻；借喻的作用是"比喻"，虽然也有代替的作用，但总是喻中有代。

(2) 构成借代的基础是事物的相关性，即要求借体和本体有某种关系；构成借喻的基础是事物的相似性，即要求喻体和本体有某些方面的相似处。

(3) 借喻可以改为明喻或暗喻，借代则不能。例如：

① 这大艺术喷射出的大美，曾倾倒过几多王朝，也曾风靡过朱门绣户，蓬门茅舍；这大美曾使盖世英雄五尺刚化为绕指柔。（李存葆《飘逝的绝唱》）

② 我总觉得周围有长城围绕。这长城的构成材料，是旧有的古砖和补添的新砖。两种东西联为一气造成了城壁，将人们包围。（鲁迅《长城》）

例①是借代，以"朱门绣户"代指"住在朱门绣户中的贵族"，以"蓬门茅舍"代指"住在蓬门茅舍中的穷人"，它只代不喻，不能改成比喻，不能说"贵族像朱门绣户，穷人像蓬门茅舍"。

例②是借喻,用"长城"比喻某种障碍物,这里既没有比喻词,也没有出现本体。这句话可以改成明喻。

(二) 比喻与通感的区别

· 知识简说 ·

1. 通感

通感是一种修辞手法,又称为移觉。就是把不同感官的感觉(听觉、视觉、触觉、嗅觉、味觉等)沟通起来,以感觉写感觉,起到增强文采的艺术效果。例如:

① 突然有钟声缓缓飘上来,很重,很古老,很悠久,很轻柔。(陈丹燕《玻璃做的夏天》)

② 昆山玉碎凤凰叫,芙蓉泣露香兰笑。(李贺《李凭箜篌引》)

例①将把听觉转化为触觉。例②从视觉的角度描写听觉,将梨园艺人李凭弹奏箜篌之声化为鲜花的娇美形象,以露水在残荷上滚动、滑落的视觉感受摹写箜篌声音悲抑;而以"香兰笑"的视觉感受刻画琴声的欢快。

为什么这些感觉可以相互转化呢? 是因为它

们之间有相似点。例如：

　　微风过处，送来缕缕清香，仿佛远处高楼上渺茫的歌声似的。（朱自清《荷塘月色》）

　　清香是嗅觉，歌声是听觉，由嗅觉向听觉转移，形象生动地写出了荷香隐隐约约、若有若无、清淡缥缈的特点。"清香"与"歌声"同属美好的事物，两个优美的意象叠加在一起，烘托出了环境的清幽静谧。

　　通感的作用：能突破语言的局限，丰富表情达意的审美情趣，起到增强文采的艺术效果。

2. 比喻与通感的区别

　　(1) 比喻强调"相似性"，通感侧重"相通性"。

　　(2) 比喻离不开本体、喻体和相似点，三者是统一的。通感只有本体而没有喻体和相似点。其表现形式为"本体：甲感觉→乙感觉"。

　　(3) 比喻是两个具体相似点的事物做比，不要求两种感觉进行转换；通感必须是两种不同感觉的转换。

　　(4) 通感往往借助于比喻、比拟、夸张等修辞方法来表达，以引起人们的联想，去获得具体生动的形象，增加了语言表达的巧妙性，使读者感到新奇而富有情趣。例如：

突然是绿茸茸的草坂,像一支充满幽情的乐曲。(刘白羽《长江三峡》)

把视觉上的"草坂"与听觉上的音乐或声音沟通起来,把事物的无声姿态描摹成好像有声音,用这种通感手法来唤起读者丰富的联想。同时,又是通感和比喻的结合。

以下三个例子同时使用了通感和比喻的修辞手法。

① 那是一种男性的嗓音,一波三折,委婉摇曳,就像伊犁的苹果一样芳香,又像伊犁的青杨一样潇洒。(王蒙《夜半歌声》)

② 树上黄鹂的婉转歌声,就像清凉的泉水一样。(臧克家《一首短诗的构思过程》)

③ 我走进北京的市场,过客的耳语像桂花飘香。(刘征《北京的市场》)

(三) 比喻与象征的区别

·知识简说·

1. 象征

象征手法的使用可以使作品更加生动、形象、富有感染力,就这个角度而言,象征可以被视作一种修辞手法。象征，就是不直接描绘事物，而根据事物之间的相互联系，借助联想，说的是乙，叫人联想到甲。象征由"象征体"和"本体"两个部分组成，例如菊花象征着隐逸，其中"菊花"是"象征体"，"隐逸"是"本体"。

事物的象征关系，有的来自自然界，如太阳象征光和热，松树象征坚韧；有的来自神话传说，如银河象征夫妻分离；有的来自社会习俗，如有的民族以白色象征哀悼，有的民族以黑色象征哀悼；有的来自历史事实，如希特勒象征法西斯统治。一般说来，来自自然界的象征关系，带有较大的普遍性，其余的则往往因时因地而异。例如：

① 再往上仔细看时，却不觉也吃了一惊；——分明有一圈红白的花，围着那尖圆的坟顶。(鲁迅《药》)

象征体是具体的"花环"，它象征着一种抽象的情感：烈士永远活在人们心间，革命自有后来人。正如鲁迅自己在《〈呐喊〉自序》中说，这是"用了曲笔"。

② 在月光下，我看见他眼睛里晶莹发亮，我也看见那条枣红色上洒满白色百合花的被子，这象征纯洁与感情的花，盖上了这位平常的、拖毛竹的青年的脸。(茹志鹃《百合花》)

象征体是具体的"百合花",象征抽象的精神：通讯员和新媳妇都有一颗高尚、纯洁、美好的心灵。

象征的作用：象征手法的运用，能使作品显得委婉含蓄，激起读者的联想。

2. 比喻与象征的区别

（1）构成不同。比喻是借此喻彼，喻体一般应该是让人看得见、听得见或摸得着的具体事物、具体人，它不像象征那么含蓄。喻体和本体要求形似，喻体往往是具体的，如"问君能有几多愁？恰似一江春水向东流"这个比喻句，喻体"一江春水"就是具体而形象的。

象征是借此寓彼，不直接把意思说出来，而是通过某一特定的具体形象以表现与之相似或相近的概念、思想和感情。象征体和本体要求神似，象征体往往是具体的，本体往往是抽象的，如意念、精神、品质、情感、概念等，例如狮子是勇敢的象征，鸽子和橄榄枝象征和平，大棒象征武力，而本体"勇敢""和平""武力"都是抽象的。

（2）作用不同。比喻可使事物生动形象、具体可感，或使深刻的、抽象的道理浅显而具体地表达出来。例如：

谎言是一只心灵的蛀虫,将人的心蛀得面目全非。

用形象的"蛀虫"来暗喻抽象的谎言,形象地突出了谎言的可怕。

象征,一般是通过象征的事物(象征体)去理解抽象的意义,最常见的就是用具体事物象征抽象事理。例如:

一个浪,一个浪,无休止地扑过来。每一个浪都在它脚下,被打成碎末,散开……它的脸上和身上,像刀砍过的一样,但它依然站在那里,含着微笑,看着海洋。(艾青《礁石》)

作者运用象征手法传达了一种在逆境中不屈服的刚强、乐观的人格理想。

(3) 范围大小不同。象征对象是整篇文章,或者至少是文章中的一大段话,因此,象征在范围上远远超过了比喻涉及的范围。

从高尔基的《海燕》、陶铸的《松树的风格》、茅盾的《白杨礼赞》等几篇文章中采用的象征手法来看,都是融贯全篇的。海燕的"大无畏精神",松树的"共产主义精神",白杨树的"斗争精神",分别在三篇文章中的任何一部分里都有体现,并不局限在一两个句子中。

但比喻却不同,它范围比较小,一般局限于一两个句子中。例如,在峻青的《秋色赋》里有这么一个比喻句:"山楂树上缀满了一颗颗红玛瑙似的果子。"这里作为喻体的"红玛瑙"仅仅指的是山楂果子,而对桃、梨、香蕉就不起比喻作用了。

但有时比喻和象征又融在一起,需要仔细分辨。如舒婷的《致橡树》,单从诗的意象上看,橡树的高大、伟岸,木棉的红硕、柔美,与恋爱中的男女形象形似,构成比喻,使意象得到诗化,增强了语言的明丽与隽永;若从整体上看,这两个比喻优化组合在一起,进而表达出一种抽象的爱情观,即相互独立、平等,又互相依靠。如此寓意于象,又象意交融,构成了象征,让意蕴在神似中得到了合理的引申与升华。

(四) 对偶与对比的区别

· 知识简说 ·

1. 对偶

对偶是用字数相等、结构相同、意义对称的一对短语或句子来表达两个相对或相近意思的一种修辞手法。宽式对偶,不强求平仄协调,也允许有重复。如：

剪纸灯谜，描绘城乡风物；秧歌花鼓，传播时代精神。

上句主语"剪纸灯谜"对应句主语"秧歌花鼓"；上句谓语"描绘城乡风物"对应下句谓语"传播时代精神"。结构相同，字数相等，意义对称。句式更整齐，富有节奏感与音乐美，富有感染力，生动形象地描绘出新时代传统文化的新特色、新气象。

(1) 按内容，对偶可分为正对、反对、串对。

正对。从两个角度、两个侧面说明同一事理，表示相似、相关的关系。例如：

日出江花红胜火，春来江水绿如蓝。（白居易《忆江南》）

反对。上下句表示一般的相反关系或矛盾对立关系。例如：

忧劳可以兴国，逸豫可以亡身。（欧阳修《伶官传序》）

串对。上下句在意义上具有承接、递进、因果、假设、条件等关系的对偶形式，也叫"流水对"，串对中上下联不能颠倒次序。

一着不慎，满盘皆输。

欲穷千里目,更上一层楼。(王之涣《登鹳雀楼》)

山重水复疑无路,柳暗花明又一村。(陆游《游山西村》)

(2) 按形式,对偶可分为工对和宽对。

所谓工对,就是字数、词性、结构、平仄、用字等均按对仗要求。例如:

青山横北郭,白水绕东城。(李白《送友人》)

上例属于"严对"。因为这两句都是主谓结构相对;"白水"与"青山","东城"与"北郭"两组名词性词组相对,对得十分工整。上句是平平平仄仄,下句则是仄仄仄平平,平仄对仗也很严整。

所谓宽对,就是基本符合对仗要求,但某些方面稍有出入,也就是形式要求稍宽松一点。例如:

谦虚使人进步,骄傲使人落后。

上例在字面上不必重复,平仄上也不讲究,属于"宽对"。

对偶的作用:对偶的运用,使得中国的骈文、律诗、对联等创造了光辉灿烂的成果。对偶的主要作用有:

(1) 形式整齐,结构对称,可以收到一种均衡的美感效果。

(2) 词句凝练概括,富有表现力,能够把相关事物间的关系表现得集中鲜明;使对立事物间的对比强烈,褒贬分明。

(3) 节奏鲜明,音韵和谐,读来朗朗上口,便于传诵记忆。

2. 对比

把两种不同事物或者同一事物相反或相对的两个方面放在一起相互比较,叫对比,也叫"对照"。对比可以使客观存在的对立统一关系表达得更集中、更鲜明突出。

对比可以分成两体对比和一体两面对比两类。

(1) 两体对比。把两种根本对立的事物放在一起进行对照,使好的显得更好,坏的显得更坏;大的显得更大,小的显得更小,等等。例如:

看文学大师们的创作,有时用简:惜墨如金,力求数字乃至一字传神;有时使繁:用墨如泼,汩汩滔滔,虽十、百、千字亦在所不惜。(周先慎《简笔与繁笔》)

"简"与"繁"形成鲜明对比。

(2) 一体两面对比。把同一事物的正反两个方面放在一起来说,能把事理说得更透彻、更全面。例如：

　　时间是勤奋者的财富,创造者的宝库;

　　时间是懒惰者的包袱,浪费者的坟墓。

　　以比喻的手法鲜明透彻地说明了时间对四种人的不同意义和效应。

　　对比的作用:对比的修辞作用,是揭示对立意义,使事理和语言色彩鲜明。不同类型的对比,作用又各有特点。两体对比,揭示好同坏、善同恶、美同丑的对立,使人们在比较中鉴别。一体两面对比,揭示事物的对立面,反映事物内部既矛盾又统一的辩证关系,使人们全面地看问题。

3. 对偶与对比的区别

　　(1) 基本特征不同:对偶重"偶",基本特征是对称;对比重"比",基本特征是对立。

　　(2) 表达效果的侧重不同。对偶重结构形式,主要是从结构形式上说的,它要求结构对称、字数相等;对比重内容意义,它要求意义相反或相对。

　　(3) 对偶里的"反对"就意义说是对比,就形式说是对偶,如上例的"时间是勤奋者的财富,创造者的宝库;时间是懒惰者的包袱,浪费者的坟墓",这是辞格的兼属现象。当然,对比不一定都是对偶,这要取决于它的结构形式是否对称。例如"青山有幸埋忠骨,白铁无辜铸佞臣"句,就含有对比和对偶两种修辞。

(五) 对比与映衬的区别

·知识简说·

1. 映衬

为了突出主体事物,用类似的或相反的、相异的事物作陪衬,这种修辞叫映衬,也叫"衬托"。如"蝉噪林愈静,鸟鸣山更幽","僧敲月下门","月出惊山鸟"等,都是以动衬静,属于映衬的修辞。

映衬可分正衬和反衬两类。

(1) 正衬。正衬就是利用同主体事物相类似的事物作陪衬。正衬包含以动衬动、以静衬静、以乐衬乐、以美衬美等。例如:

桃花潭水深千尺,不及汪伦送我情。(李白《赠汪伦》)

用桃花潭水之深正衬汪伦对"我"的情谊之深。

(2) 反衬。反衬就是从反面衬托,利用同主体事物相反或相异的事物作陪衬。反衬包含以动衬静、以静衬动、以苦衬乐、以乐衬苦、以丑衬美、以美衬丑等。例如：

> 雨中的雪花陡然间增多了，远远近近愈加变得模模糊糊。城市寂静无声。隐约听见很远的地方传来一声公鸡的啼鸣，给这灰蒙蒙的天地间平添了一丝睡梦般的阴郁。（路遥《平凡的世界》）

"雪花"和"公鸡啼叫"的相关描写，以动衬静，衬托城市的寂静。

2. 对比与映衬的区别

突出正面或反面或相异的事物的主体，表达强烈的思想感情，使文章的中心思想深化。有了陪衬的事物，被陪衬的事物才会显得突出，才能得到充分的说明。

（1）映衬为了突出主要事物，用类似的事物或反面的有差别的事物作陪衬，因此映衬有主次之分，陪衬事物是用来突出被陪衬事物的。对比是用来突出对立事物，两种对立的事物并无主次之分，而是相互依存的。对比的诸项一定要相反相成、相互对立、泾渭分明，形成矛盾的统一体。

（2）映衬的作用主要在于突出两个事物中的一个，表达强烈的思想感情，所谓"红花还须绿叶扶"，用绿叶衬红花，使红花更红，以达到"烘云托月"的美感效果。对比的作用是使两个事物或两个方面在对比中互相突出。例如：

① 骐骥一跃，不能十步；驽马十驾，功在不舍。（荀子《劝学》）

② 有的人活着/他已经死了；有的人死了/他还活着。（臧克家《有的人》）

③ 先到了潇湘馆。一进门，只见两边翠竹夹路，土地下苍苔布满，中间羊肠一条石子漫的路。（曹雪芹《红楼梦》）

④ 晋陶渊明独爱菊。自李唐来，世人甚爱牡丹。予独爱莲之出淤泥而不染，濯清涟而不妖，中通外直，不蔓不枝，香远益清，亭亭净植，可远观而不可亵玩焉。（周敦颐《爱莲说》）

例①是对比，"骐骥"与"驽马"进行对比，强调"不舍"的重要性；例②是对比，用两种人的价值对比，批判行尸走肉，赞扬虽死犹生；例③是映衬，用潇湘馆门前的"翠竹""苍苔"等景物正衬林黛玉孤傲的性格；例④是映衬，用"菊"正衬"莲"，用"牡丹"反衬"莲"，表达莲花的高洁和孤寂。

（六）排比与反复的区别

· 知识简说 ·

1. 排比

把三个或者三个以上结构相同或相似、意义相关、语气一致的词组或句子排列起来,形成一个整体,使语势得到增强,感情得到加深的修辞格。例如:

① 岛拉,我的女儿,你曾多么美丽! 你美丽如悬挂在弗拉山岗上的皓月,洁白如天空飘下来的雪花,甜蜜如芳馨的空气! (歌德《少年维特的烦恼》)

"悬挂在弗拉山岗上的皓月,洁白如天空飘下来的雪花,甜蜜如芳馨的空气"三个短句,结构相同,意义相关,语气一致,强调女子之美,所以是排比。

② 翩若惊鸿,婉若游龙,《洛神水赋》的舞者化身洛神,或拂袖起舞,或拨裙回转,或刚劲有力,或娉婷袅娜,整个舞蹈使端午祈福的美好愿景与惊艳众人的视觉效果高度统一。

结构相同,都是由"或"字领出一个四字短语;意思相关,多角度描写舞者的动作;语气一致,都有赞美之意；句式整齐，语言凝练，节奏鲜明，富有韵律美，有助于凸显舞蹈之美。

排比的各个项目之间的关系，有的是并列的，排比的项目之间的关系是平等的联合的关系。例如：

水里的游鱼是沉默的，陆地上的兽类是喧闹的，空中的飞鸟是歌唱着的。但是，人类却兼有海里的沉默、地上的喧闹与空中的音乐。（泰戈尔《飞鸟集》）

有的是承接的，排比的项目之间的关系有逻辑上先后之分，不可以随意变动。例如：

古之欲明明德于天下者，先治其国；欲治其国者，先齐其家；欲齐其家者，先修其身；欲修其身者，先正其心；欲正其心者，先诚其意；欲诚其意者，先致其知；致知在格物。（《礼记·大学》）

有的是递进的，排比的项目之间有阶梯式关系。例如：

一年之计，莫如树谷；十年之计，莫如树木；终身之计，莫如树人。（《管子·权修》）

排比的作用：① 可以使文章条理清晰，显得气势磅礴；② 使语言畅达明快，富于节奏感，适宜于强烈感情的抒发。例如：

人类是一件多么了不得的杰作！多么高贵的理性！多么伟大的力量！多么优美的仪表！多么文雅的举动！在行为上多么像一个天使！在智慧上多么像一个天神！宇宙的精华！万物的灵长！（莎士比亚《哈姆雷特》）

用四个整齐的"多么"句子，强烈地表达出莎士比亚借哈姆雷特之口对"宇宙的精华！万物的灵长！"人类的盛赞。

2. 反复

为了突出某个意思、强调某种感情，特意重复某个词语或句子，这种辞格叫反复。

从类型上讲，反复可分为连续反复和间隔反复两类。

（1）连续反复是接连重复相同的词语或句子，中间没有其他词语出现。例如：

周总理，我们的好总理，你在哪里呵，你在哪里？（柯岩《周总理，你在哪里》）

（2）间隔反复是相同词语或句子的间隔出现，即有其他词语或句子将反复的部分隔开。例如：

风雪一天比一天大，人们的干劲一天比一天猛，砍下的毛竹一天比一天堆得高，为竹滑道修的架在两座高山之间的竹桥，也一天比一天往上去。

（袁鹰《井冈翠竹》）

"一天比一天"是短语的间隔反复。

（3）有时连续反复和间隔反复交错使用，可以表现感情由一般到强烈的发展变化。例如：

沉默啊！沉默啊！不在沉默中爆发，就在沉默中灭亡。（鲁迅《记念刘和珍君》）

反复的作用：① 用同一的语句，一再表现强烈的情思；② 调节音节、增强节奏。

3. 排比与反复的区别

（1）排比是为了加强语势，反复是为了突出强调某种感情。

（2）排比是把三句或三句以上结构相同的句子连在一起，反复是把某个词语或句子重复两次以上。

（3）排比中有部分提示词语相同，而反复则是词语或句子完全相同。例如：

① 栾恩杰从导弹研究的技术员到中国探月工程首任总指挥，经历过各种各样的失败，大到火箭里面的特殊装置出现问题，小到一个插头插错了，这些失败意味着什么？意味着多少个日夜的辛苦付之一炬，意味着接下来的工作更加艰苦卓绝，意味着你在世界的航天格局中可能突然之间换了赛

道,栾恩杰认为:失败也是在给我们上课,当问题一一解决的时候,成功就在我们前面。

三个"意味着"句式整齐,节奏感强,且有递进效果,加强语势,突出航天研发过程的艰难,侧面烘托出航天工作者的坚韧顽强和航天工作的重要性。

②红酥手,黄縢酒,满城春色宫墙柳。东风恶,欢情薄,一怀愁绪,几年离索。错！错！错！(陆游《钗头凤》)

上阕三个"错"接连反复,强烈地展现了陆游对于与唐氏婚姻的结束的无限悔恨、自责之情。

(七) 设问与反问的区别

·知识简说·

1. 设问

设问是无疑而问,自问自答,以引导读者或听众注意和思考问题的修辞手法。例如:

如果说个体建筑的宏伟壮丽主要表现为西方古建筑艺术,那么中国古建筑艺术则主要表现为群体建筑的博大壮观。建筑群体的组合采取的是什么形式呢？一般来讲,它采取的是由单幢房屋围合成的院落形式,即四合院。不同类型的建筑正是由这种最基本的四合院单位组合而成的。

先问"建筑群体的组合采取的是什么形式呢",然后回答"一般来讲,它采取的是由单幢房屋围合成的院落形式,即四合院";通过自问的方式引起读者注意,启发读者思考。强调了句子的主要内容,突出建筑群体组合的形式特点。设问句结构上具有承上启下的过渡作用。

设问主要有以下三种形式。

(1) 一问一答。例如:

寂静为什么可怕? 因为寂静邻于死亡,有时候也许就是死亡。身体死亡了,在尸躯本身无所谓可怕;看见尸躯的人也许觉得可怕,然而这只是原始的恐惧心理,仔细一想,也就没有什么可怕。只有身体机能还存在,而精神已经死亡了,才是真正的可怕。(叶圣陶《冲破那寂静》)

作者自问:"寂静为什么可怕?"然后自答:"因为寂静邻于死亡,有时也许就是死亡。"并进一步强调,"只有身体机能还存在,而精神已经死亡了,才是真正的可怕"。

(2) 几问一答。例如:

啊,是谁,这么早就把那亲爱的令人心醉的乡

音送到我的耳畔？是谁，这么早就用他那吱吱哇哇的悦耳动听的音乐唤来了玫瑰色的黎明？是一个青年人。（峻青《乡音》）

用"是谁"两次提问，最后一答，表达对"青年人"的赞美。

是谁在乌黑的窗棂上铺展一派春意？是谁在漫天飞雪里开出一枝红梅？是谁经过剪刀轻灵的裁剪，给家中增添喜气洋洋的期待？——是窗花。（张金凤《窗花舞》）

运用了三个设问，引出了本文的写作对象"窗花"，引发读者对窗花作用的思考，强调了作者对窗花的喜爱之情。

(3) 不答式设问。提出的问题不需要回答，读者自会明白的设问叫不答式设问。这种设问只是为了某种强调、提示以引起注意和联想。例如：

今天这里有没有特务？你站出来！是好汉的站出来！（闻一多《最后一次讲演》）

从句子语境可以推知会场是有特务的，所以此处设问不需要回答，用"今天这里有没有特务？"设问是为了让听众思考特务的反动本质。

设问的作用：① 引起读者注意，启发读者思考；② 突出某些内容，使文章起波澜，有变化。

2. 反问

反问也叫反诘,用疑问的形式表达确定的意思,无疑而问,明知故问,这种辞格叫反问,又叫激问。反问只问不答,把要表达的确定意思包含在问句里。否定句用反问语气说出来,就表达肯定的内容;肯定句用反问语气说出来,就表达否定的内容。例如:

现在我所谓希望,不也是我自己手制的偶像么?(鲁迅《故乡》)

作者在自问的同时,强调自己所谓的希望,也是自己手制的,无关社会与他人。

反问主要有两种。

(1)用肯定句表达否定的内容。例如:

人同此心,心同此理,凡属黄帝子孙,谁愿成为民族的千古罪人?

(2)用否定句表达肯定的内容。例如:

在这薄霭和微漪里,听着那悠然的间歇的桨声,谁能不被引入他的美梦去呢?(朱自清《桨声灯影里的秦淮河》)

反问的作用:加强语气,发人深省,激发读者的感情,加深读者的印象,增强文章的气势和说服力。例如:

不是有无数人在讴歌那光芒四射的朝阳、四季常青的松柏、庄严屹立的山峰、澎湃翻腾的海洋吗？不是有好些人在赞美那挺拔的白杨、明亮的灯火、奔驰的列车、崭新的日历吗？（秦牧《土地》）

这里连用两个反问，并套用了排比，既起到强调语意、强化语势的作用，又使语言表达跌宕有致，同时也抒发了强烈的感情。此外，还使语言富有整齐美和节奏感。

3. 设问与反问的区别

(1) 设问不表示肯定什么或否定什么，而反问则明确地表示肯定或否定的内容。

(2) 设问主要是提出问题，引起注意，启发思考，然后自己回答；而反问主要是加强语气，用确定的语气表明自己的思想，答在问中。例如：

① 今天我们为什么要读经典？为什么如此强调赓续文脉香火？《典籍里的中国》的开场白，或许可为答案，"知道我们的生命缘起何处，知道我们的脚步迈向何方"。那些在血脉和文脉中代代传承的文化基因，形塑了我们今天的精神世界和价值体系，影响着我们的思想方式和行为方式。

先用"今天我们为什么要读经典？为什么如此强调赓续文脉香火？"发问，然后回答："知道我们的生命缘起何处,知道我们的脚步迈向何方。"两问一答。此例中用设问修辞引发读者思考阅读经典、传承传统文化的意义;引出后文,强调传统文化对今天人们思想和行为的影响。

② 难道这还用解释吗,密哈益·沙维奇? 难道这不是理所应当吗? 如果教师骑自行车,那还能希望学生做出什么好事来? 他们所能做的就只有倒过来,用脑袋走路了! 既然政府没有发出通告,允许做这种事,那就做不得。(契诃夫《装在套子里的人》)

运用反问的修辞,强调这件事不用解释,是理所应当的,教师骑自行车的话,就不要希望学生能做出什么好事。答在问中。

(八) 比拟与比喻的区别

· 知识简说 ·

1. 比拟

根据想象把物当作人写或把人当作物写,或把甲物当作乙物来写,这种辞格叫比拟。被比拟的事物称为"本体",用来比拟的事物称为"拟体"。拟体一般不出现,只把适用于拟体的词用在本体上。例如：

①　新疆属于绿洲农业区，干旱少雨，为了让棉花吃好喝好长得好，就要进行科学的水肥管理。

"为了让棉花吃好喝好长得好"一句使用了比拟修辞。"棉花"是"本体"，"人"是"拟体"，没有出现。把棉花吸收足够的水分和肥料才能长得好，比拟成人吃好饭喝好水才能健康成长，暗含作者对棉花的喜爱之情。

②　那肥大的荷叶下面，有一个人的脸，下半截身子长在水里。那不是水生吗？（孙犁《荷花淀》）

把水生当作植物来写，"长在水里"是荷的状态，人的下半截身子"长在水里"，跟荷梗一样，给人以壮美的形象。这里使用了比拟的修辞，流露出作者对人物的喜爱和赞美。

比拟在一般情况下分为拟人和拟物两种。

(1) 拟人。把物当作人来描写，使物具有人的动作行为、思想感情、神情样貌的一种比拟。拟人，是人格化的手法，可以把无生命的物写得栩栩如生，也可以把有生命的物写得可爱可憎。可分为动物拟人、植物拟人、具体事物拟人、抽象事物拟人几种。例如：

①　人面不知何处去，桃花依旧笑春风。（崔护

《题都城南庄》)(把"桃花"拟作人)

② 待到山花烂漫时,她在丛中笑。(毛泽东《卜算子·咏梅》)(把"山花"拟作人)

③ 海睡熟了。大小的岛拥抱着,偎依着,也静静地恍惚入了梦乡。星星在头上眨着慵懒的眼睑,也像要睡了。(鲁彦《听潮》)(把"大海""岛""星星"拟作人)

(2)拟物。一般情况下分为人物拟物和事物拟物两小类。例如:

① 我到了自家的房外,我的母亲早已迎着出来了,接着便飞出了八岁的侄儿宏儿。(鲁迅《故乡》)

本句以人拟物。人是不会飞的,"飞"是某些动物所具有的能力,宏儿被当作会"飞"的鸟等动物来描写,写出了其心情的急切和动作的轻快。

② 沙漠竟已狂虐到了这样地步,它正在无情地吞噬着一座孤立的大山!(玛拉沁夫《沙漠,我将不再赞美你》)

本句以事物拟物。把"沙漠"当作生物来描写,所以能"狂虐"并"吞噬"大山。

比拟的作用:① 让读者感受到作者强烈的情感,启发读者想象,从而引发共鸣;② 生动形象、神形毕现、栩栩如生。

2. 比拟与比喻的区别

(1) 比拟是仿照拟体的特征"摹"写本体,重点在拟;比喻是用喻体比喻本体,重点在"喻"。

(2) 比拟中,本体和拟体彼此交融,浑然一体,本体必须出现,拟体一般不出现;比喻的本体和喻体一主一从,本体或出现或不出现,而喻体必须出现。

总之,比喻是"以此喻彼",其修辞特点往往体现在名词或名词性短语上,且喻体必须出现;比拟是"拟此为彼",其修辞特点往往体现在动词上,而拟体一般不出现。例如:

① 从未见过开得这么盛的藤萝,只见一片辉煌的淡紫色,像一条瀑布,从空中垂下。(宗璞《紫藤萝瀑布》)

本句把茂盛的藤萝比作瀑布,生动形象地表现了藤萝的茂盛,表达了作者对藤萝花的赞美之情。

② 东西长安街成了喧腾的大海。(袁鹰《十月长安街》)

本句使用了暗喻的修辞手法。"长安街"为本体,"大海"为喻体。

③ 我似乎打了一个寒噤;我就知道我们之间已经隔了一层可悲的厚障壁了。(鲁迅《故乡》)

本句使用了借喻的修辞方法,本体和比喻词没有出现,只出现了喻体"厚障壁"。

④ 小草偷偷地从土里钻出来。(朱自清《春》)

本句使用了拟人的修辞手法,"本体"是"小草"。"拟体"是"人",没有出现。本句把小草拟作人,使小草无声无息却在眨眼间长出来的可爱姿态变得鲜明生动,也使文章更加充满趣味,表达了对小草、对春天的喜爱和赞美之情。

⑤ 我把青春栽种在这里,尽管时值严冬,却终于蔚然成林。(孔捷生《绿色的蜜月》)

本句使用了拟物的修辞手法,"本体"是"青春"。拟体是"植物",没有出现,通过动词"栽种"体现。

(九) 对仗与对偶的区别

· 知识简说 ·

1. 对仗

古代的仪仗队是两两相对的,这是"对仗"这个术语的来历。

对仗是律诗、骈文等按照字音的平仄和字义的虚实作成对偶的语句。

由对仗的概念可以知道对仗有以下特点：

（1）对仗是在格律诗出现后，融合对偶结构与格律而形成的一种修辞。例如律诗中的颔联（第二联）、颈联（第三联）往往要求对仗。

（2）对仗是诗词、骈文中的对偶，一般用在骈文、诗、词、曲、对联当中。

（3）对仗有严格的格律要求，讲究平仄，严格用词，上下句不能出现重复的字。

2. 对仗与对偶的区别

对仗是在对偶的结构基础上，进一步完善发展而来的，它除了具备对偶的"句式的结构相同或基本相同，字数相等，意义上密切相关联的一对短语或句子"等特点外，还要具备以下特点：

（1）对仗一般用在骈文、诗、词、曲、对联当中，如果不是出现在这些文体中，一般不认为是对仗。就是说，对仗是一种格律要素。对偶的使用则不限于诗、词、骈文等以整句为表现形式的文字中。

（2）对仗一般要平仄相对，上下句不能出现重字。对偶没有这两个严格的要求。

总之，对仗的使用范围不如对偶宽，对仗的格律要求比对偶严。因此对仗不等同于对偶，在讲诗、词、骈文的韵律时，如果对偶句式符合对仗的要求，最好称其为"对仗"。例如：

无边落木萧萧下，不尽长江滚滚来。（杜甫《登高》）

这两句是对仗。首先，上下两句句子结构相同，词的构成也相同。"无"对"不"，是副词；"边"对"尽"，是形容词；"无边"对"不尽"，又都是偏正式；"落木"对"长江"，都是偏正式名词；"萧萧"对"滚滚"，都是叠词；"下"对"来"，都是动词。其次，上下句平仄相对。"无边落木萧萧下"为"平平仄仄平平仄"；"不尽长江滚滚来"为"仄仄平平仄仄平"。

（十）回环与顶真的区别

· 知识简说 ·

1. 回环

把前后语句组织成穿梭一样的循环往复的形式，用以表达不同事物间的有机联系，这种辞格叫回环。通俗地说，回环，就是重复前一句的结尾部分，作为后一句的开头部分，又回过头来用前一句开头部分作后一句结尾部分。例如：

① 在她，工作就是游戏，游戏就是工作。（冰

心《关于女人》)

② 谭姊姊学习一个月回来,挟了两个卫生包,身上被单一扎,她就是产院,产院就是她,到处给人接生,到处宣传科学,和旧的接生婆展开斗争。(茹志鹃《静静的产院》)

在现代汉语的回环修辞文本建构中,多数情况都是不太追求形式上的严整,而只求形式上大体首尾衔接、往复成章的意趣而已。例如:

远远的街灯明了,好像是闪着无数的明星。天上的明星现了,好像是点着无数的街灯。(郭沫若《天上的街市》)

回环修辞深受大众喜欢,我们耳熟能详的很多话语也使用了回环的修辞手法。例如:

疑人不用,用人不疑。

生产促进科学,科学促进生产。

有些对联使用了回环,因而妙趣横生。例如:

过苦年,苦年过,过年苦,苦过年,年去年来今变古;读书好,书好读,读好书,书读好,书田书舍子而孙。

上海自来水来自海上;中国出人才人出国中。

回环的作用:回环可使语句整齐匀称,在视觉上、语感上都给人以循环往复的美感。回环能揭

示事物相互依存或者相互排斥的辩证关系,使语意精辟警策,以加深读者、听者对客观事物的认识和理解。例如:

我们这里只有医生和病人,病人和医生。(电影《马门教授》)

"医生和病人,病人和医生"使用了回环,"医生"和"病人"被回环强调,强化了马门教授对"医生"身份的尊重和拒绝纳粹分子的义正词严。

2. 顶真

用上一句结尾的词语或句子作下一句的起头,使前后的句子头尾蝉联,上递下接,这种辞格叫顶真。顶真是汉语传统的修辞格之一,经常出现在各种文体的文章中。例如:

① 夏虫也为我沉默,沉默是今晚的康桥。(徐志摩《再别康桥》)

② 名不正则言不顺,言不顺则事不成,事不成则礼乐不兴,礼乐不兴则刑罚不中。(《论语·子路》)

③ 咱们做的事越多,老百姓就来的越多;老百姓来的越多,咱们的力量就越大;咱们的力量越大,往后的事也就越多!(欧阳山《高干大》)

例①是词与词顶真,例②是短语与短语顶真,例③是句子与句子顶真。

顶真的作用:首先,使议事说理更准确、严谨、周密。其次,语气连绵,音律流畅,给人以流畅明快的蝉联美感。

3. 回环与顶真的区别

顶真和回环在头尾顶接这一点上相似,但又有根本上的不同。

(1) 结构上:回环把前后语句组织成穿梭一样的循环往复的形式,其轨迹是圆周形,语言形式是按照逆序排列,形式为"A→B,B→A"。顶真是上一句结尾的词语或句子做下一句的起头,上递下接,其连接关系是直线型,形式为"→A,A→B,B→C……"。

(2) 一个回环模块只有两个语言片段,而顶真则不限于两个。例如:

① 他比先前并没有什么大改变,单是老了些,但也还未留胡子,一见面是寒暄,寒暄之后说我"胖了",说我"胖了"之后即大骂其新党。(鲁迅《祝福》)

这是顶真修辞。"寒暄""说我'胖了'"构成"→A(寒暄),A(寒暄)→B(说我"胖了"),B(说我"胖了")→C……"顶真结构。

② 挽闻一多联：一个人倒下去，千万人站起来；千万人站起来，一个人倒下去。

这是回环修辞。"一个人倒下去"和"千万人站起来"构成"A→B，B→A"回环结构。

（十一）层递和排比的区别

· 知识简说 ·

1. 层递

根据事物的逻辑关系，连用内容递升或递降的语句，表达层层递进的事理，这种辞格叫层递。例如：

① 保卫家乡，保卫黄河，保卫华北，保卫全中国。

写出了"家乡""黄河""华北"和"中国"的领属关系，范围逐渐扩大，充满保家卫国的激情，有强烈的感染力。（《保卫黄河》歌词）

② 听说四川有一只民谣，大略是"贼来如梳，兵来如篦，官来如剃"的意思。（鲁迅先生《谈金圣叹》）

比喻句"贼来如梳，兵来如篦，官来如剃"，"梳""篦""剃"，词义上程度逐层加重，用三者的差别来强调官比贼和兵更加狠毒、残酷,突出民众对封建官府的仇恨和作者对社会黑暗的痛斥。

③ 不是被什么声音吵醒,而是因为静,寂静,绝寂静。(邵燕祥《大峡谷去来》)

"静,寂静,绝寂静",从静到寂静再到绝寂静,是程度上由浅入深的递升。

④ 一鼓作气,再而衰,三而竭。(左丘明《曹刿论战》)

采用递降的层递修辞,强调了作战时勇气的重要性。

层递分为递升和递降两类。

(1) 递升。按照事物的发展状况排列,由小到大,由少到多,由低到高,由短到长,等等。例如:

时间一天一天地过去,一月一月地过去,一年一年地过去,真理老人所撒的种子,也一天一天地生长,一月一月地开花,一年一年地结果。一粒种子变成一百粒,一万粒,千万粒……(圣野《两袋种子》)

两次用了表示时间由短到长的层递。"生长→开花→结果",反映了种子生活的规律;"一百粒→一万粒→千万粒",种子数量由少到多。两个层递深刻地揭示了"真理老人撒播快乐和幸福,最后战胜法西斯"的道理,逻辑说明关系十分紧密。

递升式层递,在古代汉语修辞中也有很多经典文本。例如:

知之者不如好之者,好之者不如乐之者。(《论语·雍也》)

天时不如地利,地利不如人和。(《孟子·公孙丑下》)

(2)递降。递降就是按照事物的下降状况排列,由大到小,由多到少,由高到低,由长到短,等等。例如:

他一直是魂思梦想着打飞机,眼前飞过一只雁,一只麻雀,一只蝴蝶,一只蜻蜓,他都要拿枪瞄瞄。(郑直《激战无名川》)

使用递降的层递修辞,"他"瞄准练习的动物——"雁""麻雀""蝴蝶""蜻蜓",形体由大到小递降,这个层递修辞形象地突出了"他"苦练瞄准本领的认真精神和想打敌机的迫切心情。

递降式层递,古代诗文中也有经典文本。例如:

民为贵,社稷次之,君为轻。(《孟子·尽心下》)

递升递降都是相对的,不能截然分开。有时同一例句,从某个角度看是递升,换一个角度看也

能是递降。例如:

少年听雨歌楼上,红烛昏罗帐。壮年听雨客舟中,江阔云低,断雁叫西风。而今听雨僧庐下,鬓已星星也。悲欢离合总无情,一任阶前点滴到天明。(蒋捷《虞美人·听雨》)

由少年到壮年再到老年的年龄递升,与心境由浪漫到漂泊再到凄凉的递降相形对比,突出强调了作者心境的每况愈下和晚景的凄凉。

层递的作用:层递借步步推进,意义上的逐层深入,使人的认识层层深化,对表达的事理产生深刻的印象。

少而好学,如日出之阳;壮而好学,如日中之光;老而好学,如炳烛之明。(刘向《说苑·建本》)

从年龄段看,是递升的层递修辞。从学习效果看,是递降的层递修辞。年龄段"少""壮""老"的学习的成效分别像"日出之阳""日中之光"到"炳烛之明",学习成效由高到低递降,使读者认识到年龄越大,学习效果越差,从而强调"读书趁年少"的道理。

2. 层递与排比的区别

(1) 层递着重看意义关系,着眼于意义上的等次性(级差性),构成层递的几个语句在内容上必须是递升或递降的;排比不要求意义上的等次性,而是着眼于内容上的并列性,构成排比的内容是一个问题的几个方面,或相关的几个问题。

(2) 层递不受语言结构的约束,在结构上不强调相同或相似,往往不用相同的词语;排比在结构上必须相同或相似,往往要用相同的词语。例如:

① 这是未庄赛神的晚上。这晚上照例有一台戏,戏台左近,也照例有许多的赌摊。做戏的锣鼓,在阿 Q 耳朵里仿佛在十里之外;他只听得桩家的歌唱了。他赢而又赢,铜钱变成角洋,角洋变成大洋,大洋又成了叠。(鲁迅《阿 Q 正传》)

这是层递修辞,"铜钱"到"角洋"到"大洋"到"叠",钱的单位由小到大,有明显的层递关系。

② 他们的品质是那样的纯洁和高尚,他们的意志是那样的坚韧和刚强,他们的气质是那样的淳朴和谦逊,他们的胸怀是那样的美丽和宽广!(魏巍《谁是最可爱的人》)

这是排比修辞,句子分别从"品质""意志""气质""胸怀"四个方面来赞美志愿军战士的伟大品质。四个句子是并列关系,没有主次、轻重、大小的区别。

有观点认为既符合排比结构特点又符合层递的意义要求的句子,就是兼有排比和层递修辞,这种

一句话中兼有多种修辞的现象,就叫"兼格"。例如:

　　为了整个班,为了整个潜伏部队,为了这次战斗的胜利,邱少云像千斤巨石一般,趴在火堆里一动不动。(李元兴《我的战友邱少云》)

　　它是层递修辞,因它在内容上反映了"班→部队→胜利"这三个事物的递升关系。

　　它也是排比修辞,结构相同,都用了"为了"介宾短语;语气一致,赞扬了邱少云"趴在火堆里一动不动"的崇高精神境界;意思密切关联,揭示了邱少云不怕火烧的根本原因。

(十二) 双关与反语的区别

· 知识简说 ·

1. 双关

　　利用语音或语义的条件,有意使语句兼顾表面和内里两种意思,言在此而意在彼,这种辞格叫双关。双关是指一个句子或一个词语有两种不同的含义,一个是表面的意思,一个是暗含的意思,后者才是所要表达的主要意思。例如:

　　"可叹停机德,堪怜咏絮才。玉带林中挂,金簪雪里埋。"(《红楼梦》第五回)

谐音双关，"玉带林中挂"暗含谐音"林黛玉"，"金簪雪里埋"中"雪"谐音"薛宝钗"中的"薛"，暗示了林黛玉、薛宝钗的悲惨命运。

就构成的条件看，双关可以分为谐音双关和意义双关。

(1) 谐音双关。利用音同或音的条件构成谐音双关。例如：

"杨柳青青江水平，闻郎江上唱歌声。东边日出西边雨，道是无晴却有晴。"（刘禹锡《竹枝词》）

诗中利用"晴"与"情"同音构成双关，寓意男女之间绵绵的情意。

(2) 意义双关。利用词语或者句子的多义性在特定语境中构成语义双关。例如：

周繁漪：好，你去吧！小心，现在，（望窗外，自语）风暴就要起来了！（曹禺《雷雨》）

此处"风暴"非指"刮大风，下暴雨"，而是指激发的矛盾，生死的搏斗。

双关的作用：① 形成含蓄美；② 拓展了想象的空间；③ 可以制造讽刺效果。例如：

此夜曲中闻折柳，何人不起故园情！（李白《春夜洛城闻笛》）

笛子吹奏的是一支《折杨柳》曲，它属于汉乐府古曲,抒写离别行旅之苦。"柳"者,"留"也。李白听着远处的笛声,不由自主地陷入了乡思。

2. 反语

故意使用与本来意思相反的词语或句子来表达本意,这种辞格叫反语,也叫反话。例如:

流氓欺乡下老,洋人打中国人,教育厅长冲小学生,都是善于克敌的豪杰。(鲁迅《冲》)

"克敌的豪杰"是反语,是对流氓、洋人、教育厅长表示强烈的讽刺与嘲弄。

反语可主要分为两类。

(1) 以正当反。用正面的语句去表达反面的意思。例如:

当三个女子从容地转辗于文明人所发明的枪弹的攒射中的时候,这是怎样的一个惊心动魄的伟大呀! 中国军人屠戮妇婴的伟绩,八国联军的惩创学生的武功,不幸全被这几缕血痕抹杀了。(鲁迅《纪念刘和珍君》)

"文明人""伟绩""武功"都是反义词。"文明人"正是"野蛮人","伟绩""武功"正是"罪恶"。

(2) 用反面的语句去表达正面的意思。例如:

黛玉听了,睁开眼,起身笑道:"真真你就是我命中的'天魔星'! 请枕这一个。"说着,将自己

枕的推与宝玉,又起身将自己的再拿了一个来,自己枕了,二人对面倒下。(曹雪芹《红楼梦》第十九回)

"天魔星"指给人带来磨难的人。这里的"天魔星"是黛玉对宝玉的昵称,表现宝、黛之间亲密无间的关系和不可分离的深情。

反语的作用:① 达到讽刺、幽默的效果;② 可以表达亲切、喜爱的思想感情。例如:

几个女人有点失望,也有些伤心,各人在心里骂着自己的狠心贼。(孙犁《荷花淀》)

这里的"狠心贼",并没有什么恶意,相反更能表现出几个女人对自己丈夫深沉的爱。

3. 双关与反语的区别

(1) 表达意思上,二者都有表里两层意思,但是,反语表里意思相反;双关表里意思相关。

(2) 表达形式上,双关的形式可分为两种:一种是利用音同或音近的条件,使词句同时表达双关的意思;另一种是利用词句的多义现象,使一个词句在特定的语言环境中形成双关。而反语则只表达一种意思,不像双关那样,一箭双雕。

(3) 使用方法上,反语多用在批判、揭露方面,而双关的使用范围则要广泛得多。例如:

① 你想,四周围黑洞洞的,还不容易碰壁吗?(周晔《我的伯父鲁迅先生》)

本句语义双关。"黑洞洞"暗指社会的黑暗。"碰壁"暗指是与反动势力作斗争时受到的挫折与迫害。"黑洞洞""碰壁"两个词语不是用与本来意思相反的词语或句子来表达本意,而是用词语的多义性在特定语境中构成语义双关。

② 东京也无非是这样。上野的樱花烂漫的时节,望去却也像绯红的轻云。但花下也缺不了成群结队的"清国留学生"的速成班,头顶上盘着大辫子,顶的学生制帽的顶上高高耸起,形成一座富士山。也有解散辫子,盘得平平的,除下帽来,油光可鉴,宛如小姑娘的发髻一般,还要将脖子扭几扭。实在标致极了。(鲁迅《藤野先生》)

最后一句为反语。"实在标志极了",用正面的语句去表达反面的意思,意思其实是"实在丑陋极了",表达对"清国留学生"的丑态的批判。

二、常见修辞错用举例

（一）比喻错用举例

1. 比喻的使用要遵循的原则

（1）本体与喻体要有相似性。

（2）本体与喻体不能同类。

（3）新颖。

（4）通俗易懂。

2. 比喻错用举例

① 无数条淙淙流淌的小河就像大地上的脉搏一样在不停地流动着、跳动着。

脉搏只会跳动，不会流动，本体"流动的小河"和喻体"不会流动的脉搏"没有相似性。

② 这团烟雾黑得出奇，好像一群大喷泉突然喷水时张成的一个大扇面。

把"黑雾"比喻成"一群大喷泉突然喷水时张成的一个大扇面"，本体和喻体没有相似性。

③ 长辫子姑娘成了舞会上灿烂的明星，所有人的目光都围绕着她转，宛如电子围绕着原子核不停地旋转一样。

将人们对姑娘的关注比作"电子围绕着原子

核不停地旋转一样"不恰当，"电子围绕着原子核不停地旋转"是机械运动，而长辫子姑娘的舞蹈应该是优美的。此句修辞运用不当。

④ 东方渐明，天空中出现了万道霞光，犹如一朵含苞欲放的鲜花。

霞光的"放射性"和鲜花的"含苞"没有相似性，比喻不当，最后一句可以改成"犹如绽放的烟花"。

⑤ 这篇文章的结构十分严密，就像神经节和神经网的关系一样。

喻体"神经网"是谁也没有看见过的东西，难免让读者觉得生涩难懂，违反了"通俗易懂"这一原则。

⑥ 景区灯光璀璨，数万游人像蚂蚁一样，挤成一团，游览十里古韵不夜河，尽享灯影美景浪漫情。

把欢乐的人们比作"一团蚂蚁"，本体"欢乐的游人"和喻体"蚂蚁"没有相似性，且含有贬义，感情色彩也不当。

3. "像"字句不一定是比喻句

"像"含义丰富，"像"字句不一定是比喻句，具备了"本体""比喻词"和"喻体"结构的"像"字句才是比喻。

以下"像"字句都不是比喻。

① 深秋的太阳没遮拦地照在身上,煦暖得像阳春三月。(比较)

② 这天黑沉沉的,好像要下雨了。(猜测)

③ 每当看到这条红领巾,我就像置身于天真烂漫的少年时代。(想象)

④ 阿Q哥,像我们这样的穷朋友是不要紧的。(举例)

⑤ 为此目的,就要像马克思所说的详细地占有材料,加以科学的分析和综合的研究。(指示)

(二) 排比错用举例

1. 排比使用要求

(1) 由三个或三个以上短语或句子。

(2) 结构相同或相似。

(3) 内容相关、意义相近、语气一致。

2. 排比错用举例

① 平易的话语,幽默的口吻,宣讲内容接地气,宣讲员精彩的宣讲使得收看直播的群众既听得进又记得牢。

"平易的话语,幽默的口吻"是偏正结构,"宣讲内容接地气"是动宾结构,三句结构不相同,不能构成排比,可改成:

平易的话语,幽默的口吻,接地气的宣讲内容,宣讲员精彩的宣讲使得收看直播的群众既听得进又记得牢。

② 个人的自学,个人的努力,个人的独立钻研,是主要的;但是适当的讨论,相互的讨论,集体的讨论也是必要的。

"不合逻辑"病句。自学已经包含了个人努力,个人努力包含了独立钻研,三者不能并列。"适当"是讲程度,"相互"和"集体"说的是讨论的形式,三者也不能并列。

(三) 夸张错用举例

夸张是为达到某种表达效果的需要,故意对事物的形象、特征、作用、程度等方面加以扩大、缩小或超前描述的一种修辞手法。夸张可分为三类:扩大夸张(如"蜀道之难,难于上青天"),缩小夸张(如"心眼小得像针鼻儿"),超前夸张(如"李医生给人看病,药方没开,病就好了三分")。

1. 运用夸张的注意点

(1) 尊重事实,合理合度夸大。既不能夸张过度,违背事实,也不能和事实距离过近,否则会分不清是在说事实还是在夸张。就夸张的"合理合度夸大",鲁迅先生有过精辟的论述:"'燕山雪花大如席'是夸张,但燕山究竟有雪花,就含着一点诚实在里面,使我们立刻知道燕山原来有这么冷。如果说'广州雪花大如席',那就变成笑话了。"

(2) 为了和文体特征相符,在科技说明文等文体中可少用甚至不用夸张,以免歪曲事实。

2. 夸张错用举例

① 玉米稻子密又浓,铺天盖地不透风,就是卫星掉下来,也要弹回半空中。

过分夸大了种植物的密度,脱离了生活的基础和根据,这是浮夸。

② 蚂蚁身躯虽小,但力量很大,一只蚂蚁可搬动一粒米,一群蚂蚁不就可以翻江倒海了吗?

用"翻江倒海"形容蚂蚁的力量,夸张过度。

③ 他跑得像自行车一样快。

人在快跑时可以达到自行车的速度,"像自行车一样快"就没有超过人快跑时可能的程度,夸大的程度较低,夸张不当,可改成"他跑得像脱弦的箭一样快"。

④ 会议室里静得连一根针落地都听不到。

安静应该能听到针落地的声音。此句与事实不符。

（四）借代错用举例

借代错用主要表现为以下两个方面：一是不能准确识别借代，尤其是不能精准区分借代和借喻，误把借代判为借喻；二是不能识别词语的借代义或含有借代的本义。

1. 误判借代

区别借代与借喻的有效方法之一是借代不能改成明喻。另外，借喻是比喻，喻体一定会出现，而且与喻体相关的词语要契合比喻修辞。例如：

风吹墙头草，左右两边倒，摇过来不是本心，摇过去才是本心。

本句是暗喻，只出现了喻体"墙头草"，改成明喻就是"某种类型的人像墙头草……"。还要注意的是，句子中还出现了"风吹""两边倒""摇"等描写喻体相关的词语。借代则不需要出现与"代体"相关意义的描述。

我要五块钱,他嫌贵。你嫌贵,我还嫌你胖呢。胖的像条大白熊,别压坏我的驴。讲来讲去,大白熊答应我的价钱,骑着驴逛了半天,欢欢喜喜照数付了脚钱。(杨朔《雪浪花》)

"胖的像条大白熊"显然是比喻中的明喻,下文有"别压坏我的驴"对喻体"大白熊"特征进行描述。"大白熊答应我的价钱"是借代,用人的特征指代人。为什么不是比喻呢? 因为"大白熊答应我的价钱"一句后没有与"大白熊"特征相似性的词语描述,如果改成明喻"他像大白熊一样答应我"显然不合逻辑。

2. 代体不当

三十多颗心,就在这块新耕耘的土地上踏出了一条新路。

用"心"代替"人"不仅缺乏明确性和代表性,且和后文"踏出了一条新路"搭配不当。

(五) 比拟错用举例

使用比拟时,首先要注意本体的特点和拟体的特点要适切,符合事理逻辑;其次是比拟修辞要能和整个语段的语境、语意、词句的感情色彩相符。

1. 拟体不当，不合逻辑

例如：

① 蒲公英柔软的茎上顶着小黄伞，雄赳赳地守卫在道路两旁。

本句使用拟人的修辞方式，但前半句说蒲公英"柔软"，后半句将其拟作"雄赳赳的卫士"不当。

② 面对风暴的欺凌，松柏挺胸不屈，杨柳弯腰逢迎，江河寂然无语，高山昂然抗争。

"风暴"下的"江河"应是波浪起伏，而非"寂然无语"。

2. 比拟句语境失恰，不合逻辑

例如：

① 秋雨跳着欢快的舞，一下就是几天，什么活也干不了，真闷死人。

把"秋雨"拟作"人"，借赞扬秋雨的欢快，表达人的欢快之情，这与句末对秋雨的埋怨矛盾。

② 晚上，我们坐在院子里乘凉，听爷爷讲《聊斋》故事。他讲到紧张的时候，大家都屏住气；讲到轻松的时候，大家都拍手大笑。这时连月亮也探头探脑，冷眼瞧着我们。

描述爷爷讲故事，氛围欢快，拟人句"月亮也探头探脑，冷眼瞧着我们"渲染了清冷诡异的气氛,前褒后贬,句意矛盾。

(六) 对偶错用举例

1. 运用对偶的注意点

(1) 要合乎格式要求。用字数相等、结构相同、意义对称的一对短语或句子来表达两个相对或相近的意思。

(2) 要合乎表达规范,没有语病。

(3) 要合乎文体风格和整体文本的语言风格。

2. 对偶错用举例

① 当下一些人总感觉陷入了精神内耗,对自己信心全无,患得患失;对社会满腹牢骚,怨天怨地。

"信心全无"是主谓结构,"满腹牢骚"是偏正结构,"对自己信心全无,患得患失"和"对社会满腹牢骚,怨天怨地",结构不同,不能构成对偶。

② 公园里,人群喧闹,小孩嬉笑;百花争艳,桃李争娇,一派春意盎然的景象。

"人群"包含"小孩","百花"包含"桃李",意义有包容关系,句子前后形成不了对偶。

③ 他脚蹬起跑器,两手撑地,收腹、弓背,凝神谛听"鸣枪",前方跑道上,他的身影里,一只蚂蚁

在横穿跑道,慢腾腾气定神闲貌似旅游者在欣赏自然风景,晃悠悠摇头晃脑好像哲学家在思考人生难题。

整个文段多用短句描写"他"起跑前的动作,强调起跑前的紧张,而末句的对偶用长句子描写蚂蚁横穿跑道的情形,与全段语言风格不相符。

(七) 设问错用举例

1. 运用设问的注意点

(1) 精准判断"不答式"设问,我们通常认为设问修辞要自问自答。"不答式"设问没有回答,对这类设问要能够准确判断。例如:

问苍茫大地,谁主沉浮?(毛泽东《沁园春·长沙》)

上例是不是设问句?

首先可以排除使用反问修辞,因为它不是"反着问"的。它也不是一般疑问句,因为答案就在其中。其实它属于"不答式"设问修辞,因为答案已在其中,不需要回答,意在引起读者思考。

(2) 使用"几问一答式"设问时,要注意几个问句的排列顺序,问句间不能存在"不合逻辑"的语病。

2. 设问错用举例

每年的 4 月 23 日是世界阅读日,这一天总会让人思考阅读的意义。阅读是为了滋养精神诗意的栖居吗?是为了在考试中考出高分吗?是为了自我充电终身学习吗?还是为了炫耀消遣?诺贝尔文学奖获得者德国作家黑塞在《获得教养的途径》一文中回答了这个问题:阅读经典"要帮助我们将自己的人生变得越来越充实、高尚,越来越有意义"。

"阅读是为了滋养精神诗意的栖居吗?是为了在考试中考出高分吗?是为了自我充电终身学习吗?还是为了炫耀消遣?"四个句子间在意义上排列无序。

(八) 反问错用举例

1. 使用反问的注意点

(1) 反问用疑问的形式表达肯定的意思,使用时要避免否定失当,准确表情达意。

(2) 反问多用来加强语气,强化表达者的态度,使用时要避免语言暴力,力争表达得体。

2. 反问错用举例

① 雷锋精神当然要赋予它新的内涵,但谁又

能否认现在就不需要学习雷锋了呢?

"谁能否认……呢",意思是"谁都得承认……",这与要表达的意思相反。末句可以改成"但谁又能否认现在需要学习雷锋呢?"

② 每个人都应该追求独立的生命价值,难道你能否认你不应该追求独立的生活吗?

"反问"加"双重否定"等于"肯定"。上例改成陈述句是"您要承认你不应该追求独立的生活",这就与句意相反。末句可以改成"难道你能否认你应该追求独立的生活吗?"

③ 谁也不会否认,鲁迅先生不是中国新文学的奠基人。

应把后半句中的"不"去掉。

④ 难道谁能否认你脑子转得慢呢?(同学之间)

⑤ 谁能说你这不是偷懒的行为呢?(上下级之间)

⑥ 难道马路是你家修的吗?想怎么开就怎么开!(汽车司机之间)

⑦ 你的服务态度难道不能好一点吗?(顾客商家之间)

⑧ 你怎么能和成绩好的牛娃比呢?(家长孩子之间)

例④—⑧,这些反问句都有一些责备、傲慢的语气,往往能激化矛盾,不利于事情的沟通和解决。应该把这些反问句换成平和得体的表达方式。

逻　辑

一、形式逻辑简介

· 知识简说 ·

英国哲学家弗兰西斯·培根说:"逻辑与修辞使人善辩。"从逻辑学的发展史看,逻辑学是一门研究思维规律的科学,有人把逻辑称为"思维的语法"。而其中的形式逻辑研究的对象是思维的逻辑形式、基本规律及简单的逻辑方法。思维的逻辑形式包括概念、判断和推理三种形式。学习逻辑可以提高人们的逻辑思维能力,指导人们正确地进行思维活动,除此之外,学习逻辑还有助于提高语言表达能力,有助于减少或避免思维表达中的谬误,有助于识别和驳斥诡辩的议论。

(一) 逻　辑

"逻辑"一词是英文 Logic 的音译,而英文

Logic 又源于希腊文 λσγos（逻各斯），其原意是指思想、言辞、理性、规律性等。近代思想家严复最先把 Logic 译成"逻辑"，但他并没有加以推广和倡导，而是用"名学"作为他逻辑学著作的书名。到了二十世纪三四十年代，"逻辑"的译名才逐渐流行起来，并被我国逻辑学界接受，后来通称为"逻辑学"。

"逻辑"常见的含义有以下四种：

（1）思维的规律。例如：这几句话不合逻辑。

（2）客观的规律性。例如：生活的逻辑。

（3）某种理论、观点。例如：侵略者奉行的是强盗逻辑。

（4）逻辑学。例如：写好议论文，学点逻辑是必要的。

（二）逻辑思维

逻辑思维指人在认识过程中借助于概念、判断、推理反映现实的思维方式。它以抽象性为特征，撇开具体形象，解释事物的本质属性。也叫抽象思维。

正确运用逻辑工具，可以帮助人们更好地认识事物、寻求真理，也有助于我们提高思维能力，

正确表达思想。例如根据莎士比亚《威尼斯商人》中的情节,有人编了一道推理题:

女主人公鲍西娅对求婚者说:"这里有三个盒子,每个盒子上写着一句话。三句话中只有一句是真话。谁能够猜中我的肖像放在哪个盒子里,谁就可以做我的意中人。"金盒子上写的是:"肖像在这个盒子里。"银盒子上写的是:"肖像不在这个盒子里。"铅盒子上写的是:"肖像不在金盒子里。"哪位求婚者猜中了,鲍西娅就嫁给他。

有一位求婚者利用逻辑学的知识很快猜中了。金盒子上刻的话是"肖像在这个盒子里",铅盒子上刻的话是"肖像不在金盒子里"。从逻辑上看这两句话是相互矛盾的,它们表示两个相互矛盾的判断。排中律规定:两个相互矛盾的判断不能同假,必有一真。据给的条件之一,即三句话中只有一句话是真话,这样就可以断定这句唯一的真话,必定是金盒或铅盒上刻着的话,银盒上刻的话不可能是真话。而银盒子上刻的话"肖像不在这个盒子里"既然是假的,那么按排中律的要求,就可确定"肖像不在金盒子里"是真的,从而断定肖像在银盒子中。

（三）逻辑学

逻辑学是哲学的一个分支,研究思维的形式和规律。旧称"名学""辩学""论理学"。

逻辑学是一门古老的科学,有两千多年的历史,主要有三个发源地:古代中国、古代印度和古代希腊。

中国在春秋战国时代逻辑思想大为发展,出现了惠施、公孙龙、墨子、韩非子、荀况等逻辑学家。如墨子及其后人所著《墨经》论述了概念、判断、推理等各种思维形式,较为系统地阐述了关于思维的基本规律内容。例如《墨子·非攻》中有一段论证翻译成现代汉语,是这样的:

如果有一个人,进入家果园,偷人家桃李,大家听说后就谴责他,上面执政的人就捉获并惩罚他。这是为什么呢? 因为他损人利己。至于偷人家鸡犬猪的,比进人家果园偷桃李更不义。这是什么缘故呢? 因为他损人更多。如果损人越多,那么他越是不仁,罪越重。至于进入人家牲口棚,牵走人家马牛的,比偷人家鸡犬猪更不义。这是什么原故呢? 因为他损人更多。如果损人越多,那么他越是不仁,罪越重。至于杀无辜的人,剥下他们的衣服皮袄,拿走戈剑,这比进入家牲口棚牵走马牛又更不义。这是什么缘故呢？因为他损人更严重。如果损人越严重,那么他就越不仁,罪越大。对此,世上有道德之人都明白其中的道理并会认为这种做法不对,说这些是不义的。而今最不义的事就是进攻别国,却不知道谴责,反而称赞它,说它是义。这能说是知道义与不义的分别吗？

这段论证就是归纳推理与类比推理的结合。既用归纳推理得出了"损人利己之事都是不义的",又用"入人园圃,窃其桃李"等四件事类比攻国。墨子把几种推理方法结合在一起的逻辑推理不仅罕为墨子之前的学者所用,对于现代人进行推理也有借鉴意义。

(四) 逻辑学分类

形式逻辑和辩证逻辑是逻辑学中的两大基本门类,此外,还有数理逻辑。

1. 形式逻辑

形式逻辑是研究思维形式、基本规律和一些逻辑方法的科学。

形式逻辑研究概念、判断、推理等主要思维形式,研究同一律、矛盾律、排中律等思维规律。形式逻辑研究的逻辑方法包括:定义、划分、限制、概括、寻求因果联系的方法、假说及论证等。

形式逻辑具体分为两种:

(1) 传统形式逻辑。指用自然语言表述的演绎逻辑和归纳逻辑。

(2) 现代形式逻辑。它又称符号逻辑,主要是指人工符号语言表述的数理逻辑,以及模态逻辑、多值逻辑、认识逻辑、时态逻辑等。

2. 辩证逻辑

辩证逻辑是马克思主义哲学的组成部分,要求人们必须把握、研究事物的总和,从事物本身矛盾的发展、运动、变化来观察它,把握它,只有这样,才能认识客观世界的本质。例如刘安的《淮南子·人间训》中"塞翁失马"的故事就生动揭示了福祸相依、福祸转化的辩证关系。

3. 数理逻辑

数理逻辑是数学的一个分支,用数学方法研究推理、计算等逻辑问题。也叫符号逻辑。

(五) 学习形式逻辑的方法

理论联系实际是有效的学习方法,特别是与

写作的实际结合起来。留心实际生活中遇到的各种逻辑问题,并自觉地用学过的逻辑理论和知识去分析和解决,逐渐养成经常进行逻辑分析的习惯。例如:

某学校贴出通知:出入校门请出示工作证和学生证。

出入校门须同时出示工作证和学生证,无论是学生还是教师都不能同时具有这两种证件。从逻辑学来分析,写通知的人误把选言判断写成了联言判断,因此,上述联言判断应改为选言判断,即"出入校门请出示工作证或学生证"。

这个逻辑学例子说明,理论联系实际的学习原则和方法,是学好形式逻辑的关键。

二、概　念

· 知识简说 ·

概念是通过揭示对象的特性或本质来反映对象的一种思维形式。人类在认识过程中,把所感觉到的事物的共同特点抽出来,加以概括,就成为概念。比如从白雪、白马、白纸等事物中抽出它们的共同特点,就得出"白"的概念。

（一）概念的内涵

概念的内涵是指反映在概念中的对象的本质属性。它指的是"什么是"，反映概念质的方面。

例如，"法律"的内涵：由立法机关或国家机关制定，国家政权保证执行的行为规则的总和。

（二）概念的外延

概念的外延是指具有概念所反映的本质属性的对象。它指的是"哪些是"，反映概念量的方面。

例如，"法律"的外延：凡是具有法律的本质属性的一切事物，即古今中外的所有法律。

（三）概念的分类

1. 普遍概念、单独概念

普遍概念：指反映某一类事物的概念，它的外延不是由一个单独的分子构成的，而是由两个以上乃至许许多多的分子组成的类。例如："城市""小说""书"等。

单独概念：指反映某一个事物的概念，它的外延仅指一个单独的对象。例如："黄河""曹雪芹""七七事变"。

2. 集合概念、非集合概念

集合概念:以事物的集合体为反映对象的概念。例如:"森林""经济联合体"等。

非集合概念:不反映对象群体属性的概念。例如:"树""书"等。

了解一个概念是集合概念还是非集合概念,不能脱离具体语境。在思维中容易把一个普遍名词表达的集合概念与非集合概念相混淆,造成逻辑错误。例如:

鲁迅的作品不是一天能读完的,

《祝福》是鲁迅的作品,

所以,《祝福》不是一天能读完的。

前一个"鲁迅的作品"是集合概念,后一个"鲁迅的作品"是非集合概念,这样"鲁迅的作品"没有起到推理的中介作用,所以上述推理是错误的。

(四) 明确概念的方法

1. 定义

这是揭示概念所反映的对象的特点或本质的一种逻辑方法。通常下定义的简单公式是:被定义项＝种差＋临近的属概念。例如给"商品"下定义:"商品是用来交换的劳动产品",其中"用来交换"这一性质就是区别"商品"与一切其他劳动产品的种差。"劳动产品"这个概念是属概念。

定义不应包括含混的概念,不能用隐喻,不应当是否定的。

2. 划分

切分是将一个概念所反映的一类事物,按照某个或某些性质分为若干个小类,例如将"民事诉讼证据"划分为书证、物证、视听资料、证人证言、当事人陈述、鉴定结论及勘验笔录七个并列的子项。划分必须按照统一标准进行。

三、判　断

· 知识简说 ·

判断是对思维对象有所断定(肯定或者否定)的思维形式。例如:

历史绝不是少数帝王将相的历史。

(一) 判断的特征

判断的特征主要有两个:(1) 判断对事物情况有所断定;(2) 判断有真假之分。

(二) 判断的种类

判断一般可以分为简单判断和复合判断。

1. 简单判断

不包含其他判断的判断。简单判断有两种，一种是性质判断，另一种是关系判断。

(1) 性质判断，就是断定某事物具有(或不具有)某性质的判断。

屈原是伟大的诗人。

本句为性质判断，它断定了屈原"伟大的诗人"的性质。在这个性质判断中，"屈原"是主项，"伟大的诗人"是谓项。"是"是联项。

项的周延性，就是指在性质判断中对主项、谓项外延数量的断定情况。如果在一个判断中，对它的主项(或谓项)的全部外延作了断定，那么，这个判断的主项(或谓项)就是周延的；如果未对主项(或谓项)的全部外延作断定，那么，这个判断的主项(或谓项)就是不周延的。例如：

一切师范大学都是培养教师的学校。

有的师范大学不是面向全国招生的。

就主项来说，前一个判断对"师范大学"这个概念的全部外延都作了断定，所以"师范大学"就是周延的；相反，后一个判断由于并未对"师范大学"的全部外延作出断定，因而这个判断的主项"师范大学"就是不周延的。

再就谓项来说，由于前一个判断只是断定了"师范大学"的全部外延都包含在"培养教师的学校"的外延中，并没有断定"培养教师的学校"的全部外延都包含在"师范大学"的全部外延中，因而谓项"培养教师的学校"就是不周延的；相反，由于后一个判断断定了"面向全国招生的"这个概念的全部外延与"师范大学"的部分外延是互相排斥的，因而谓项"面向全国招生的"就是周延的。

（2）关系判断，就是断定事物与事物之间的关系的判断。例如：

李白与杜甫是朋友。

2. 复合判断

复合判断是由若干个简单判断通过一定的逻辑联结词组合而成的，主要包括：假言判断、选言判断、联言判断。

（1）假言判断，就是断定某一事物情况存在是另一事物情况存在的条件的判断。例如：

假如语言能够生产物质资料，那么夸夸其谈的人就会成为世界上最富的人了。（充分条件假

言判断）

只有认识了自己的缺点，才能改正自己的缺点。（必要条件假言判断）

当且仅当一个三角形等角，它才等边。（充分必要假言判断）

假言判断在生活中使用比较广泛。例如杜牧在《阿房宫赋》中曾发出这样的感叹：

使六国各爱其人，则足以拒秦；使秦复爱六国之人，则递三世可至万世而为君，谁得而族灭也？

这段话翻译成现代汉语，意思是：假使六国各自爱护自己的人民，就完全可以依靠人民来抵抗秦国。假使秦王朝又爱护六国的人民，那么秦可以传到三世以至万世而为王，谁能够族灭它呢？

这里使用了充分条件假言判断，表达了对六国和秦灭亡的原因的判断：不爱其民。这给当时的最高统治者敲响了警钟。

（2）选言判断，就是断定在几种事物情况之中至少有一种事物情况存在的判断。例如：

你说错了或者我听错了。（选言肢相互包容）

或者你去，或者我去。（选言肢不包容）

（3）联言判断，就是断定几种事物情况都存在的判断。例如：

苏轼是文学家，也是画家。（并列）

劳动人民不但创造了物质财富，而且创造了精神财富。（递进）

流水线提升了生产效率，但是也要防止机器对人的异化。（转折）

四、推　理

·知识简说·

推理是从一个或几个已知判断推出未知新判断的思维形式。任何推理都由两部分组成：推理所依据的判断以及推出的新判断。前者叫前提，后者叫结论。

推理也是同语言联系在一起的，推理在语言上表现为复句或句群。在这类复句或句群中，如果有"因为……所以……""由于……因此……""由此可见"等关联词语，则往往表达推理。

要正确地运用推理，就必须使推理具有逻辑性。一个正确的推理应具备两个条件：一是前提真实，即应当是正确反映客观事物情况的真实命题；二是推理形式正确，推理的前提和结论间的关系是符合思维规律的要求的。例如：

一切文艺作品都有社会作用；

小说是文艺作品；

所以，小说有社会作用。

判断"一切文艺作品都有社会作用"包含的内容是客观事实的正确反映，这是一个真实的、经过证明了的命题。同样，判断"小说是文艺作品"包含的内容也是真实的，也是为古往今来的一切小说都属于文艺作品的这个客观事实所证明了的。其次，在这个推理中，"一切文艺作品都有社会作用"和"小说是文艺作品"这两个前提与"小说有社会作用"这一结论之间的联系，遵守了推理形式的逻辑规则。

再如：

清人纪晓岚《阅微草堂笔记》中记述了一则故事。清雍正十年（1732）六月某夜，河北献县一带下起大雷雨，雷电异常迅猛暴烈，一村民被雷击死。县令明晟去查看了现场，发现火是从地下起的，屋顶、屋梁都被炸飞，土坑地面也被揭掉。明晟想，雷击人应自上而下，不会使地开裂；如果毁坏房屋，也应是自上而下，不会是像现场所见这样自下而上炸开去的。于是，他怀疑这是一起冒做假雷的谋杀案。

明晟对雷击的怀疑是一个推理：

凡雷击是自上而下的，这次爆炸不是自上而下的，所以，这次爆炸不是雷击。

"凡雷击是自上而下的"和"这次爆炸不是自上而下的"两个判断是前提，"这次爆炸不是雷击"是结论。

这个推理在这次破案中起着关键性的作用。后经进一步侦查并经审讯，真相是凶手事先制作好炸药，趁着雷雨之夜将村民炸死，并伪装成雷击现场。

根据推理的思维进程方向的不同，把推理分为演绎推理、归纳推理和类比推理。

（一）演绎推理

1. 演绎推理的概念

演绎推理是由反映一般性知识的前提得出有关特殊性知识的结论的一种推理。

以演绎推理中的三段论为例，初步认识一下演绎推理的特点。

《鸿门宴》是司马迁《史记·项羽本纪》中的精彩篇章，其中有一段樊哙在宴会上指责项羽的语言描写：

"夫秦王有虎狼之心，杀人如不能举，刑人如恐不胜，天下皆叛之。怀王与诸将约曰：'先破秦入咸阳者王之。'今沛公先破秦入咸阳，毫毛不敢有所近，封闭宫室，还军霸上，以待大王来。故遣将守关者，备他盗出入与非常也。劳苦而功高如此，未有封侯之赏，而听细说，欲诛有功之人，此亡秦之续耳。窃为大王不取也！"项王未有以应。

樊哙这段话借助演绎推理中的三段论，增加语言表达力，使项羽"未有以应"。

第一个三段论：

先破秦入咸阳者王之，

沛公先破秦入咸阳，

沛公应该在咸阳称王。（樊哙虽未说出结论，但听者皆知）

按照事先的"怀王之约"："先破秦入咸阳者王之"，沛公先破秦入咸阳，沛公应该在咸阳称王。樊哙向项羽指出沛公反而"封闭宫室，还军霸上，以待大王（项羽）来"，这样沛公在道义上占据了高位，项羽如果想在鸿门宴上杀掉沛公，就要考虑舆论给自己带来的消极影响。

第二个三段论：

秦王有虎狼之心，杀人如不能举，刑人如恐不

胜,天下皆叛之,

　　(项羽)听细说,欲诛有功之人。

　　此亡秦之续耳。(项羽会延续秦朝灭亡的命运)

　　樊哙利用这个三段论不仅揭露了项羽包藏祸心,而且还一针见血地指出了项羽准备杀掉沛公一事的本质和恶果。

2. 演绎推理的分类

　　在演绎推理中,简单判断的推理主要有两种:直接推理和间接推理。

　　(1) 直接推理是一种最简单的演绎推理,是以一个命题为前提而推出结论的推理。例如:

　　只有从实际出发,才能把经济工作做好,所以,如果要把经济工作做好,那么就要从实际出发。

　　这个推理就是以一个判断为前提推出结论的直接推理。

　　(2) 间接推理是有两个或两个以上前提的性质判断的推理。下面介绍四种形式的间接推理。

　　① 三段论。三段论是传统逻辑的重要内容,古希腊哲学家亚里士多德是三段论公理体系的创始人。"三段论"是性质判断三段论推理的简称,它是由两个包含着一个共同概念的性质判断为前提,推出一个新的性质判断为结论的间接推理形

式。例如：

所有的金属都是导电体，

铜是金属，

所以，铜是导电体。

三段论所包含的三个不同的概念，分别叫小项、大项与中项。

小项就是作为结论的主项的那个概念，上例结论中的"铜"是小项。

大项就是作为结论的谓项的那个概念，上例结论中的"导电体"是大项。

中项就是在两个前提中都出现的那个概念，上例中的"金属"是中项。

三段论由三个性质判断构成：大前提、小前提、结论。

包含大项的前提叫大前提，上例中的"所有的金属都是导电体"是大前提。

包含小项的前提叫小前提，上例中的"铜是金属"是小前提。

结论是"铜是导电体"。

三段论的一般规则有七条。

规则一：在一个三段论中，只能有三个不同的项。例如：

物质是永恒不灭的，

钢铁是物质，

所以，钢铁是永恒不灭的。

大前提中的"物质"，是表达哲学上物质的概念，指在人们意识之外，并且不依赖于人们的意识的客观实在。在小前提中的"物质"，是表达具体物体这个概念。这个三段论犯了"四概念"的错误，它违反了三段论的规则，因而是不正确的。

规则二：中项至少要在一个前提中周延。例如：

古典小说是文学作品；

《红楼梦》是文学作品；

所以，《红楼梦》是古典小说。

这个推理的中项（文学作品）两次都不周延，因此，它的结论并不是从前提中必然推出的。尽管结论是对的，但它并非是由前提必然推出的。

规则三：在前提中不周延的词项，到结论中也不得周延。例如：

贪污行为是犯罪行为，

张某的行为不是贪污行为，

所以，张某的行为不是犯罪行为。

错误的三段论。大项"犯罪行为"在前提中不周延,在结论中却周延了,即结论所断定的"犯罪行为"的范围超出了前提中的所给予的"犯罪行为"的范围,犯了"大项扩大"的逻辑错误。

规则四:两个否定前提不能得出必然结论。

艾滋病不是源于中国,

乙型肝炎不是艾滋病,

所以?

上例结论无法确定,是因为当大项、小项都与中项相排斥时,大项和小项之间的关系却不是必然排斥的,实际上存在着多种可能。

规则五:前提中有一个是否定的,则结论必然是否定的。例如:

犯罪未遂不是犯罪中止,

被告的行为是犯罪未遂,

所以,被告的行为不是犯罪中止。

在两个前提中有一个是否定的情况下,只能推出一个否定的结论。

规则六:两个特称前提得不出确切的结论。例如:

有些绿色植物可供食用,

有些绿色植物是树叶,

所以?

由上面两个特称前提就无法推出什么结论。

规则七:如果两个前提中有一个特称,结论必然特称。例如:

棉花是经济作物,

有些农作物不是经济作物,

所以,有些农作物不是棉花。

前提中"有些农作物"是特称,不周延,因此,结论也是特称的。

② 联言推理。联言推理是前提或结论为联言判断的推理。例如:

鲁迅是伟大的文学家,

鲁迅是伟大的思想家,

所以,鲁迅是伟大的文学家和思想家。

前提从不同角度写出了鲁迅先生的地位所在,结论完整地揭示了鲁迅先生的综合地位。因此,联言推理能从不同角度对事物各方面的知识进行完整、全面的综合。

再如:

《敬业与乐业》是梁启超先生一篇演讲稿。

梁先生在文中先提出论点:"确信'敬业乐业'四个字,是人类生活的不二法门。"

然后分别从"第一要敬业"和"第二要乐业"两

个角度进行论证。

最后得出结论："敬业即是责任心,乐业即是趣味。我深信人类合理的生活应该如此……"

这篇文章使用了联言推理:

人类生活,第一要敬业,第二要乐业;所以,人类合理的生活应该是敬业和乐业。

在写议论文或作演讲时,使用联言推理,可以使文章、说话脉络清晰,富有逻辑。

联言判断的所有联言肢必须是真的。只要有一个是假的,这个联言判断就是假判断。例如:

鲸鱼生活在海洋里,属于鱼类。

后一个联言肢是假的,这个联言判断是假的。

③ 选言推理。选言推理是指大前提中有一个是选言判断,并依据选言判断的逻辑性质进行的演绎推理。例如鲁迅在《纪念刘和珍君》中有这样一个片段:

惨象,已使我目不忍视了;流言,尤使我耳不忍闻。我还有什么话可说呢?我懂得衰亡民族之所以默无声息的缘由了。沉默啊,沉默啊! 不在沉默中爆发,就在沉默中灭亡。

这里就使用了选言判断:

不在沉默中爆发,就在沉默中灭亡,

不在沉默中灭亡，

所以在沉默中爆发。

大前提肯定了"不在沉默中爆发"和"就在沉默中灭亡"两种情况必居其一，小前提否定了"在沉默中灭亡"，那结论就是"在沉默中爆发"。这个富有逻辑性的片段显示了鲁迅高超的语言艺术。

依据选言判断的逻辑性质进行的演绎推理，可以分为相容的选言推理和不相容的选言推理。例如：

张华或爱好阅读，或爱好旅游，

张华不爱好阅读，

张华爱好旅游。

这是相容的选言推理。"阅读"和"旅游"两种可能情况中至少有一种情况存在。前提之一肯定了"张华爱好阅读"和"张华爱好旅游"中至少有一种情况存在，另一前提则否定了"张华爱好阅读"这一情况，那么，其结论自然也就为剩下选言肢："张华爱好旅游"了。

再如：

战争要么是正义的，要么是非正义的，

这场战争是正义的，

所以,这场战争不是非正义的。

这是不相容选言推理。"战争是正义的","战争是非正义的"两种可能情况中只有一种情况存在。

选言推理在生活中被广泛应用。例如西晋陈寿《三国志·魏书·高柔传》记载的廷尉高柔用选言推理审案的故事。

护军营士窦礼出营后没有回来。军营里以为他逃走,上表说要追捕他,收他的妻子盈和儿女为官家奴婢。盈呼冤无人过问。于是她又申诉到廷尉高柔处。高柔问道:"你凭什么知道你丈夫不会逃跑?"盈流泪回答说:"我丈夫年少时就孤身一人,奉养一个老太太,把她当作母亲,恭谨孝顺;又怜爱儿女,抚慰看顾从不远离,他不是轻薄狡诈不顾家室的人。"

对于窦礼的去向高柔形成了第一个选言判断:

窦礼或跑或被害。他奉养母亲,怜爱儿女,不轻薄狡诈,因此窦礼应该是被杀害的。

高柔又问道:"你丈夫与别人有怨仇吗?"回答说:"我丈夫很善良,与别人没有怨仇。"又问道:"你丈夫与别人在钱财上没有互助交往吗?"回答说:"曾经借钱给同营军士焦子文,让他还,他一直没还。"

针对窦礼被杀害,高柔就此又形成了第二个选言推理:

窦礼被杀或因为与人有怨仇,或因为钱财。既然窦礼为人善良,与别人没有怨仇,那么极有可能因为钱财被杀。焦子文向窦礼借钱不还,有很大嫌疑。最后查明,确实是焦子文杀害了窦礼。

④ 假言推理。假言推理就是前提中有假言判断,并根据假言判断的逻辑性质而进行的推理。例如,"新编阿凡提系列丛书"中有这么一段故事:

阿凡提在给他老伴写信。一个不懂礼貌的青年人跑来偷看,于是阿凡提写道:"有个小伙子在偷看我给你写信,千言万语,只好以后说了。"青年人一看,抗议道:"你为什么平白无故地诬蔑我偷看你写信?"阿凡提说:"你如果没偷看我写信,为什么知道我在信上写你偷看了呢?"小伙子被问得哑口无言。

这里包含了一个假言推理:

如果你没有偷看我写信,就不应该知道我写你偷看信的内容,

可现在你知道我写你偷看信的内容，

所以你偷看我写信无疑。

（二）归纳推理

1. 归纳推理的概念

"归纳"一词来源于古希腊文，本意是"诱导"。归纳推理是以个别知识为前提，推出以一般知识为结论的推理。

归纳推理的特征：前提是一组判断，结论为一个全称判断。例如作家秦牧的《画蛋·练功》一文，为了证明"练功重要"这一观点就使用了归纳推理：

吴道子一生苦练基本功，

达·芬奇一生苦练基本功，

齐白石一生苦练基本功，

徐悲鸿一生苦练基本功，

梅兰芳一生苦练基本功，

盖叫天一生苦练基本功，

所以所有的艺术工作者都是一生苦练基本功。

归纳推理的前提必须是真实的，否则，归纳推理就失去了意义；其次，尽管归纳推理的前提必须真实，但其结论未必一定真。

2. 归纳推理的分类

归纳推理可以分为古典归纳推理和现代归纳推理。古典归纳推理又可分为完全归纳推理和不完全归纳推理。现代归纳推理又可分为概率归纳推理和统计归纳推理。概率归纳推理和统计归纳推理是由于概率被引入归纳推理而出现的,是归纳推理的前提对结论的支持度无法永远保持100%这一特点决定的。

下面重点介绍古典归纳推理。

(1) 完全归纳推理。完全归纳推理是由一类事物中每个或每部分对象都具有(或不具有)某属性,得出该类事物全部对象都具有(或不具有)某属性的推理。例如:

张的学历是大学本科,

王的学历是大学本科,

李的学历是大学本科,

张、王、李是某科室的全体成员,

所以,某科室全体成员的学历都是大学本科。

根据对科室全部个别对象的考察,发现他们都具有大学本科学历,因而得出结论说:该类对象都具有某种性质。

(2) 不完全归纳推理。不完全归纳推理是根据一类事物中部分对象具有(或不具有)某种属性,推出该类事物的全部对象都具有(或不具有)某种属性的归纳推理。

不完全归纳推理可以分为两种:一是简单枚举归纳推理;二是科学归纳推理。

简单枚举归纳推理是根据同类部分对象重复出现某一属性而未遇到矛盾的情况,从而推出该类对象都具有某种属性的结论的推理。简单枚举归纳推理结论不完全可靠。例如《内经》中记载了这样一个故事:

一位患头痛病的樵夫,一次碰破足趾,出了一点血,但头部不痛了。后来头痛复发,又碰破上次的足趾,头痛又好了。以后头痛时,他就有意刺破该处,都有效应(樵夫碰的地方,即现在所称的"大敦穴")。

这是一个不完全归纳推理中的简单枚举归纳推理。推理过程概括如下:

第一次碰破足趾某处,头痛好了,

第二次碰破足趾某处,头痛好了,

没有出现相反的情况,即碰破足趾某处,而头痛不好,

所以,凡碰破足趾某处,头痛都会好。

这种依据经验而进行的不完全归纳推理,就是简单枚举归纳推理。"凡蚂蚁搬家,天要下雨""瑞雪兆丰年",都是简单枚举归纳推理的具体运用。

科学归纳推理是通过分析一类中的部分对象与某属性之间有(不具有)因果关系,从而推出某类对象全部都具有(不具有)某种属性的推理。科学归纳推理的结论带有必然性。例如:

鸡大量食用发霉花生成批死去,

鸭大量食用发霉花生成批死去,

鸽大量食用发霉花生成批死去,

羊大量食用发霉花生成批死去,

白鼠大量食用发霉花生成批死去,

研究发现发霉的花生含有大量黄曲霉菌,而黄曲霉菌与致癌有必然联系,

所以,所有大量食用发霉花生的动物都会成批死去。

这是一个典型的科学归纳推理形式。

和简单枚举归纳推理相比,科学归纳推理根据的是对对象何以存在某种性质的必然原因进行的科学分析,因而其结论是比较可靠的。

（三）归纳推理与演绎推理的区别

下面以演绎推理中的三段论和归纳推理中的简单枚举归纳推理为例来说明归纳推理与演绎推理的区别。

推理一（三段论）：

当且仅当某行为是乘人不备、公开夺取公私财物据为己有的行为才是抢夺罪，

某甲的行为不是乘人不备、公开夺取公私财物据为己有的行为，

所以某甲的行为不是抢夺罪。

推理二（简单枚举归纳推理）：

铜（或金）受热体积膨胀，

铝（或银）受热体积膨胀，

铁（或铜）受热体积膨胀，

铜、铝、铁是金属物体的部分对象，

所以，金属物体受热都体积膨胀。

上述两种推理主要有以下四个方面的区别：

区别一，推理方向不同（思维的进程不同）：演绎推理往往由一般推导出个别；归纳推理往往由个别推导出一般。上例三段论由一般推出"某甲"具体行为；上例简单枚举归纳推理由"铜"等个别

"金属受热体积膨胀"推出"所有金属物体受热都体积膨胀"。

区别二,前提的数量不同:演绎推理的前提的数量是比较确定的,如直接推理为一个前提,间接推理三段论为两个前提;归纳推理的前提的数量是不确定的,它可以有两个、三个或多个,是根据需要不同而定的。上例三段论为两个前提;上例简单枚举归纳推理有四个前提,还可以列举更多。

区别三,结论的范围不同:演绎推理的结论所断定的范围没有超出前提所断定的范围;归纳推理除完全归纳推理外,结论所断定的范围都超出了前提的断定范围。上例三段论结论断定范围"某甲的行为不是抢夺罪"没有超过大前提"抢夺罪"的理论判定;上例简单枚举归纳推理结论断定范围"金属物体受热都体积膨胀"超出了前提中"铜"等个别"金属受热体积膨胀"的断定范围。

区别四,前提与结论联系的性质及可靠性不同:演绎推理的结论是必然的,只要前提真,结论必真;归纳推理只有完全归纳推理和科学归纳推理的结论带有必然性,其他的都带有或然性。上例三段论前提真,结论必真;上例简单枚举归纳推理只要有相反情况的存在,无论暂时碰到与否,其一般性结论就必然是错的。

(四)类比推理

1. 类比推理的概念

类比推理是根据两个或两类对象在一系列属性上相同或相似,又知一类对象还具有其他属性,从而推出另一类对象也具有同样属性的推理方法。例如:

十八世纪美国伟大的科学家和发明家本杰明·富兰克林通过比较发现,地面上的电与天空中的雷电有众多相似的特性,比如二者发出的光颜色相同,爆发时都有声响,速度相当之快,等等,因为地面上的电被证实可被传导,于是富兰克林猜想,天电也有可能可被传导。后来富兰克林通过研究发现,储存了天电的莱顿瓶可以产生一切地电所能产生的现象,证明了天电与地电是一样的,天电也可被传导。

推理概括如下:

地电和天电具有相似的属性,

发出同色的光,

爆发时有声响,

......

速度相当之快，

地电具有属性可被传导，

所以，天电也具有相似属性即可被传导。

类比在反驳上也是很有效力的。通过构造一个和对方相同结构的类比推理进行反驳，可以直接指出对方推理的无效，如下面这个例子：

原推理：

你的祖父死于海难，

你的父亲死于海难，

所以，你不要去当水手。

类比反驳：

你的祖父死在床上，

你的父亲死在床上，

所以，你不要睡在床上。

在这个类比反驳中，构造一个和原推理结构形式相同的推理，而新构造的推理其结论很明显是我们不能接受的，由此推出原推理的结论也是站不住脚的。

2. 类比推理的特征

（1）类比推理所类比的两对象，可以是从属于同一类的两个不同的个体事物，如火星与地球；也可以是两个不同类的事物，如声和光；还可以是一类事物与另一类事物的个体，如以蜻蜓的飞行特性来类推航空飞行器的某些特性。

（2）类比推理的结论不一定可靠。类比推理的结论超出了前提所断定的范围，因此，它并不被前提所蕴涵，也就是说，即使前提是真的，类比推理的结论也可能是假的。所以，类比推理是一种或然性推理。

3. 提高类比推理结论可靠性的方法和途径

（1）通过增加前提中两个或两类对象相同属性的类比数量，来提高结论的可靠性。

（2）尽量采用对象的本质属性进行类比。如果两个或两类对象本质属性相同或相似，那么它们在其他属性上就更有可能相同或相似。

（3）进行类比推理时，还要研究特殊属性，如果这些特殊属性与推出属性是互相矛盾的，那么结论就不可靠。

五、形式逻辑的基本规律

· 知识简说 ·

形式逻辑的基本规律是关于思维形式结构的规律,是各种思维形式的特殊规律或规则的依据。

形式逻辑的基本规律主要包括同一律、矛盾律、排中律和充足理由律。

(一) 同一律

1. 同一律的概念

任何一个思想与其自身是等同的。通俗地说,在同一时间、同一对象、同一关系过程中,每一思想都必须保持自身同一。

2. 同一律要求

(1) 在同一思维过程中,每个思想都必须是确定的;

(2) 在同一思维过程中,每个思想前后应当保持一致。例如:

老师:我读的是中国现代作家鲁迅写的《狂人

日记》,不是俄国作家果戈里写的《狂人日记》。

符合同一律。任何概念都有具体的含义,即必须明确所指向的东西,不能把鲁迅的《狂人日记》和果戈里的《狂人日记》混为一谈。

再如:

有人随地吐痰,别人批评他:"随地吐痰不卫生。"他理直气壮地说:"有痰不吐更不卫生。"别人进行反驳:"是的,有痰不吐不卫生,但那只是你个人的卫生,你不能为了个人卫生而影响公共卫生!"

上述例子中的"卫生"内涵有二:第一处指公共卫生,第二处指个人卫生。吐痰的人偷换概念进行狡辩,反驳的人厘清了"卫生"的两个含义。

(二)矛盾律

在同一思维过程中,两个相互否定的思想,不能同真,必有一假,也就是说,同一思想不能既是自身,又是对自身的否定。矛盾律的主要作用在于保证思维的无矛盾性即首尾一贯性。

例如在《韩非子·难一》中"自相矛盾"的故事中,叫卖矛和盾的楚人要么是自己的矛能刺穿自己的盾,要么是自己的矛不能刺穿自己的盾,两个相互矛盾的判断不能同真,必有一假。

下面这个有关爱迪生的故事,也有违反矛盾律的错误。

一个年轻人想到爱迪生的实验室工作,为了表现他的雄心大志,就说:"我一定会发明一种万能溶液,它能溶解一切物品。"爱迪生便问他:"那么你想拿什么容器来盛放它呢?"年轻人一时语塞。

"万能溶液有瓶子装"和"万能溶液没有瓶子装",两个相互矛盾的判断不能同真,必有一假。

(三) 排中律

在同一思维过程中,两个互相矛盾的思想不能同假,必有一真。"排中"的意思就是排除含糊,排除既否定这个又否定那个,即要排除含糊其词、骑墙居中。排中律要求对是非问题必须表示明确的态度:赞成什么,反对什么。例如:

甲:《聊斋志异》值得读;

乙:《聊斋志异》不值得读;

丙:两种观点我都不赞成。读,花很多时间;不读,又有点儿可惜。

"我都不赞成"违反排中律。《聊斋志异》值得读"和"不值得读"是两个相互矛盾的判断，必有一真，不能同假。因而犯了模棱两可的错误。

（四）充足理由律

在同一思维过程中，一个论断被确定为真，总有它的充足理由。人们在论证和交流思想时，只有符合充足理由律，才能使思想立得住，使人信服。

"言之有理，持之有据。"作为充足理由，必须具备两个条件：一是理由本身要真实；二是理由与论断之间有必然的逻辑联系，即理由能推出论断。只有具备这两个条件的理由才是充足的理由。例如坊间流传的"量体裁衣"的故事：

古代有位裁缝名气很响。一位官员请他去裁制一件朝服。裁缝量好了他的身腰尺寸，又问："请教老爷，您当官当了多少年了？"官员很奇怪："你量体裁衣就够了，还要问这些干什么？"裁缝回答说："年轻相公初任高职，意高气盛，走路时挺胸凸肚，裁衣要后短前长；做官有了一定年资，意气微平，衣服应前后一般长短；当官年久而将迁退，则内心悒郁不振，走路时低头弯腰，做的衣服就应前短后长。所以，我如果不问明做官的年资，怎么能裁出称心合体的衣服来呢?"

裁缝有关"裁衣理论"符合充足理由律:理由真实,推论合乎逻辑。

六、常见逻辑错误举例

(一) 概念不清

概念是反映事物本质属性的思维形式。概念有内涵和外延两个逻辑特征。概念不明确,不仅会导致不正确的思维,同时,在表达思想时,也会说出许多不通的语句。

1. 限制、概括不当

根据内涵与外延的反比规律,我们就可以用逐渐增多概念的内涵的方法,来逐渐减少概念的外延,这个方法叫作概念的限制法。

概念的限制法,从语言表达方面说,就是增加限制词的方法;所谓"概括",就是扩大概念外延,缩小概念内涵。从语言学上说,就是不断去掉形容词、限制词,使概念趋向一般化。对概念的限制或概括不当就会造成概念不清的语病。例如:

滚滚的长江基本上可以说是我国的第一大河。

去掉"基本上可以说"的限制。

2. 集合概念误用

集合概念,就是反映集合体的概念,如"森林""舰队"等都是集合概念。作为集合体中的个体事物并不具有该集合体的属性。在实际语言表达中,把集合概念误当作非集合概念、普遍概念,就会出现逻辑错误。例如:

元旦,是一个多么富有生命力的词汇啊!

集合概念误用。应改"词汇"为"词语"。

3. 并列不当

从概念的外延看,概念间的关系可以分为相容和不相容两大类。注意不同关系的概念在不同语句中的特点,不要随意凑合、随意并列共提,否则,就会犯并列不当的错误。例如:

今年我省小麦、大麦、棉花和粮食都获得了大丰收。

"小麦""大麦"和"粮食"是种属关系,"棉花"不属于"粮食"一类,都不宜并列。

4. 定义错误

下定义有具体的方法和严格的规则。不按照这些方法和规则,轻率地下定义,就容易产生定义错误。例如：

① 电子计算机不是用手计算的机器。

违反了"定义不能是否定判断"的规则。

② 法律就是由国家政权保证执行的行为规则。

定义过宽。在"由"字后加"立法机关制定"。

5. 偷换概念

在同一个语句中，看上去运用的是同一个语词，而实际上这个语词所反映的概念在不知不觉中转换成了另一个概念。这就犯了"偷换概念"的逻辑错误，它违反了逻辑思维规律中的同一律。例如：

儿子说："我要去看花灯。"

爸爸说："家中有这么多灯，还不够你看啊？"

偷换概念。前一个"灯"指"花灯"后一个"灯"指照明用的"灯"，同样一个词，所代表的概念已转换。

(二) 判断失当

1. 判断失真

判断要反映客观事物的本来面目，要符合实际情况。违反了这个要求，判断就不符合实际，不

合乎事理,也就是判断失真。例如:

他脸上豆大的汗珠滚来滚去。

"豆大的汗珠"在"他脸上""滚来滚去",不合事实。再大的汗珠也不可能在"脸上""滚来滚去"。改成"直往下滚"才合情合理。

2. 判断歧义

对概念的判断数量不清、范围不明,或是指代不定的,就不能算是准确判断,也就犯了判断歧义的逻辑错误。例如:

在军区总医院看病的是他的爸爸。

"看病的"既可以指医生,也可以指病人。原句没有说清楚"他爸爸"究竟在医院干什么。在句末加上"他妈妈没病",或"他的医术很高明"。

3. 自相矛盾

在同一个判断句中,使用的概念、论断,前后必须一致,否则就会出现前言不搭后语、自相矛盾的错误。例如:

下课铃声响了,同学们一窝蜂地走出教室。

"一窝蜂"与"走"相矛盾。"一窝蜂"是形容许多人乱哄哄同时行动或说话的样子,后面常跟"冲""拥"等动词相配合。"走"既没有人多的含义,也没有"同时行动"的意味,与"一窝蜂"前后矛盾。因此应改"走"为"拥"。

4. 否定误用

否定词运用得正确与否,直接关系到判断句能否准确表达的问题。错用否定词,就会造成否定误用的语病。例如:

为了防止这类交通事故不再发生,我们加强了交通安全教育和管理。

"防止……不再发生",岂不是希望"交通事故""发生"? 删去"不"字,变成"防止这类交通事故再发生",表达就清楚顺畅了。

5. 关系判断不当

如果关系内容错误,那么判断就是错误的,例如某新闻标题:

某地切实减轻农民不合理负担。

错误的关系判断,"负担"前加定语"不合理",那就是说还有一些"不合理"的负担将继续"合理"地存在下去,现在只是"减轻"而已。

6. 假言判断不当

假言判断是断定事物情况之间条件联系的一种复合判断,如果硬把不具有任何条件联系的两

个判断放在一起,尽管两个判断可能都是真的,而整个假言判断也是假的,因为它犯了"强加条件"的逻辑错误。例如:

① 喜鹊叫,喜事到。

② 人有多大的胆,地有多高的产。

例①和例②都是充分条件假言判断的省略式,都犯了"强加条件"的逻辑错误。例①中"喜鹊叫"和"喜事到"之间,例②中"人的胆量"和"地的产量"之间,没有任何的条件联系。

7. 联言判断不当

联言判断要求它的肢判断必须都是真实正确的。只要有一个肢判断不正确,这个联言判断就是不正确的。例如:

医生指出:不能随地乱吐痰,但不能不吐。

这是一个联言判断,两个肢判断分别是"不能随地乱吐痰"和"但不能不吐"。根据第一个肢判断可以推出:随地吐痰是可以,但是不能乱吐。这显然有悖"不能随地吐痰"的事实,这个肢判断的错误导致整个联言判断错误。

（三）推理不当

1. 三段论推理不当

（1）中项两次不周延。例如：

校长向来调研的领导汇报工作时说，该校绝大部分中层干部的文化程度是大学毕业。领导问该校的学生处主任（中层）说："你是什么大学毕业的？"主任很不好意思，因为他不是大学毕业。这位领导这样问的原因是在他的脑子里有这样一个推理：

该校绝大部分中层干部是大学毕业，

这位主任是该校的中层干部，

所以，他是大学毕业。

领导的推理是错误的。"该校绝大部分中层干部"这个概念（中项）在两个前提中都不周延，犯了"中项没有一次周延"的逻辑错误。

（2）四概念错误。任何一个三段论只能有而且必须有三个名词，即三个概念。但由于词具有多义的特点，把三段论中实际上具有的四个名词，误当作三个名词的现象时有发生，发生推理错误，这就是所谓的"四概念"错误。例如：

矛盾是永远存在的，我和他有矛盾，所以我和他的矛盾不可能化解。

"矛盾"包含了两个意思。前一个是指哲学中辩证法上的概念,指客观事物和人类思想内部各个对立面之间互相依赖而又互相排斥的关系。后一个泛指对立的事物互相排斥。同一个名词,却表示两个概念,该三段论中实有"四概念"了。

2. 否定不足

使用选言推理时,在排除其他选言肢时必须否定彻底。否则,对其他选言肢虽然有否定,但否定的理由不充分,属于"否定不足"的错误情形,这样是不能得到可靠结论的。例如:

在一起盗窃案中,确定了两个有作案嫌疑的内部工作人员某甲和某乙。否定了某乙作案的可能,理由是某乙经济比较宽裕,生活并不困难,平时工作表现积极,不会是作案者,由此断定某甲是本案的作案人。

这一推理运用了肯定前提式的充分条件选言推理,由于对其中一个选言肢的否定是不彻底的,前提虚假,所以结论为假。

3. 轻率概括

简单枚举归纳推理容易犯"轻率概括"的逻辑

错误:轻率概括是指只根据少量重复出现的个别事例,贸然做出一般性结论。例如我们熟悉的出自《韩非子·五蠹》中的"守株待兔"的故事:

宋人有耕田者。一日,兔走触株。宋人因之释其耒,守株待兔。

这个故事说明耕田的人仅仅根据"兔走触株"这一偶然性事件,就推断出守株便能待兔的普遍性结论,在思维方法上犯了"轻率概括"的逻辑错误。

4. 条件关系混淆

假言推理是以假言判断为前提的,其特点也是由假言判断规定的。假言推理肯定或者否定前、后条件与所得的结论之间有着严格的逻辑规则,不能随意推断,否则,推出的结论就可能不可靠。

假如我是一个科技工作者,我就能为社会建设做贡献。我不是科技工作者,所以我不能为社会做贡献。

这是一个充分条件的假言推理。它的推理规则是:通过肯定前件,来肯定后件;也可通过否定后件,从而否定前件。原句却错用了通过否定前件来否定后件的方式,所以得不出可靠结论。因为不一定非是"科技工作者",才能"为社会做贡献"。

（四）形式逻辑的基本规律使用不当

1. 违反同一律的逻辑错误

（1）混淆概念或偷换概念。即把不同概念误当作同一概念使用。例如《韩非子》中有这样一个故事：

> 郑县有个姓卜的人，他的裤子破了个洞，叫妻子给做条新的，妻子问他做什么样子的，他说照原样做即可。他妻子做好新裤后，便比照旧裤破的地方，在新裤上剪了个位置、大小相同的洞。

"妻子"的理解违反了同一律。因她丈夫说的"照原样"是指照原裤的尺寸，而她却把"照原样"理解成原裤破洞的地方新裤也要有一样的破洞。

鲁迅的作品《孔乙己》中孔乙己的"窃书不能算偷"的观点犯了什么逻辑错误呢？

> 孔乙己便涨红了脸，额上的青筋条条绽出，争辩道，"窃书不能算偷……窃书！……读书人的事，能算偷么？"

孔乙己把不同语词"偷"和"窃"表达一个概念故意说成两个概念，并偷换概念，违反了同一律。

（2）转移论题或偷换论题。这种错误是在论证过程中把两个不同的论题（判断或命题）这样或那样地混淆或等同起来，从而用一个论题去代换原来所论证的论题。例如有一篇《临渊羡鱼不如退而结网》的文章开头是这样写的：

如同下棋一般分为本手、妙手和俗手，很多人都追寻所谓"妙手"，从而忘却了本为基础的"本手"。这往往会使"妙手"变为"俗手"。

身处于如今的快节奏生活中，若被卷入外界的浪潮中无法脱身，那么人就会沉沦下去，被时代的洪流所淹没，所以要找到自己的位置，摆好自己的位置。

上例中第一节话题论述"本手、妙手和俗手"之间的关系，强调"本手"的重要性，第二节论证"位置"的重要性，两段话题不一致，而且两个话题和标题也都不符。

2. 违反矛盾律的逻辑错误

如果对于两个互相矛盾的命题同时给予肯定，或者说，如果对同一对象同时作出两个互相矛盾的断定，那么就必然会产生逻辑矛盾。

夜晚，远远望去，整个楼漆黑一团，只有一个房间还灯火辉煌。

"整个楼漆黑一团"和"只有一个房间还灯火辉煌"，自相矛盾，必有一假。

3. 违反排中律的逻辑错误

违反排中律出现的是"两不可"和"未置可否"的逻辑错误。企图回避对原则性或实质性问题作出明确的答复,或采取含糊其词、模棱两可的回答,都是违反排中律要求的。

(1)"两不可"的逻辑错误。例如:

警察:前天晚上你们在哪儿待着?

甲:我在单位加班。

乙:他不在单位加班。

警察:都是胡说。当时你们俩都到作案现场去过。

从逻辑学的角度看,警察的说法违反了排中律。

(2)"未置可否"的逻辑错误。"未置可否"即对两个互相矛盾的判断,既不肯定,也不否定,含糊其辞,不明确表态。

鲁迅《祝福》中,沦为乞丐,走投无路的祥林嫂和知识分子形象的"我"关于"灵魂有无"的一段对话。

"就是——"她走近两步,放低了声音,极秘密似的切切的说,"一个人死了之后,究竟有没有魂灵的?"

……"也许有罢，——我想。"我于是吞吞吐吐的说。

……这时我已知道自己也还是完全一个愚人，什么踌躇，什么计画，都挡不住三句问，我即刻胆怯起来了，便想全翻过先前的话来，"那是，……实在，我说不清……。其实，究竟有没有魂灵，我也说不清。"

"我"对"灵魂有无"的模棱两可凸显了"我"懦弱和逃避的形象，从逻辑学的角度看，"我"未置可否的作答违反了排中律。

4. 违反充足理由律的逻辑错误

如果违反充足理由律的要求，理由不真实，或者"推不出"，就难以让人信服和接受。因此，遵守充足理由律的要求是正确思维必不可少的条件。

（1）理由虚假。例如：

地球是宇宙的中心，因为日月星辰都是围绕地球转的。

理由"日月星辰都是围绕地球转"虚假。

（2）推不出。例如：

如果一个人是运动员，那么他就要经常锻炼身体，我不是运动员，所以，我不要经常锻炼身体。

违背充足理由律。这一假言推理的大前提是

一个充分条件的假言判断,而充分条件的假言判断是不应当从否定前件到否定后件的。因此,尽管这个推论的理由"运动员要经常锻炼身体"和"我不是运动员"都是真的,但由于它违反推理的规则,它的推理形式是错误的、无效的,即推断不是从理由中有逻辑地推想出来的。

参 考 书 目

黄伯荣,廖序东主编:《现代汉语》(上册),高等教育出版社,2017.6(2022.8 重印)。

黄伯荣,廖序东主编:《现代汉语》(下册),高等教育出版社,2017.6(2022.9 重印)。

邵敬敏主编:《现代汉语通论》(全 2 册),上海教育出版社,2016.8(2022.7 重印)。

朱德熙著:《语法讲义》,商务印书馆,1982.9(2021.4 重印)。

吕叔湘著:《汉语语法分析问题》,商务印书馆,2005(2021.10 重印)。

陈法今著:《应用修辞》,江苏教育出版社,1991 年 9 月第 1 版,1991 年 9 月第 1 次印刷。

陈望道著:《修辞学发凡》,复旦大学出版社,2008.1(2021.11 重印)。

王国钦、胡小林编著:《常见语病的修改与分析》,南京出版社,1997 年 8 月第 1 版,1997 年 8 月第 1 次印刷。

喻旭初主编:《高中语文知识手册》,江苏古籍出版社,1999 年 7 月第 1 版第 1 次印刷。

吴礼权著:《现代汉语修辞学》,复旦大学出版社,2020.1(2021.9 重印)。

王希杰著:《汉语修辞学》,商务印书馆,2014(2021.2 重印)。

金岳霖主编:《形式逻辑》,人民教育出版社,1979 年 10 月第 1 版,2006 年 6 月第 2 版。

华东师范大学哲学系逻辑学教研室编:《形式逻辑》(第四版),华东师范大学出版社,2009 年 6 月第 1 版,2010 年 1 月第 2 次。

连丽霞主编:《形式逻辑教程》(第 2 版),中国农业大学出版社,2015 年 8 月第 2 版。

张智光著:《一生活中的逻辑与智慧》,华文出版社,2001 年 1 月第 1 版。